人体运动整体观的理论研究

刘 昊 熊治宇 ◎ 著

吉林出版集团股份有限公司

版权所有　侵权必究

图书在版编目（CIP）数据

人体运动整体观的理论研究 / 刘昊，熊治宇著. —长春：吉林出版集团股份有限公司，2024.8
 ISBN 978-7-5731-5047-9

Ⅰ. ①人… Ⅱ. ①刘… ②熊… Ⅲ. ①人体运动—理论研究 Ⅳ. ①G804.62

中国国家版本馆 CIP 数据核字（2024）第 104637 号

人体运动整体观的理论研究
RENTI YUNDONG ZHENGTI GUAN DE LILUN YANJIU

著　者	刘　昊　熊治宇
出版策划	崔文辉
责任编辑	王　媛
封面设计	文　一
出　版	吉林出版集团股份有限公司
	（长春市福祉大路 5788 号，邮政编码：130118）
发　行	吉林出版集团译文图书经营有限公司
	（http://shop34896900.taobao.com）
电　话	总编办：0431-81629909　营销部：0431-81629880/81629900
印　刷	廊坊市广阳区九洲印刷厂
开　本	710mm×1000mm　1/16
字　数	220 千字
印　张	14
版　次	2024 年 8 月第 1 版
印　次	2024 年 8 月第 1 次印刷
书　号	ISBN 978-7-5731-5047-9
定　价	85.00 元

如发现印装质量问题，影响阅读，请与印刷厂联系调换。电话 0316-2803040

前　言

　　人体运动整体观，作为一种深入剖析和理解人体运动规律的综合性理论，近年来在人体运动学、生理学、生物力学等多个领域引起了广泛关注。这一理论强调在探讨人体运动时，应全面、系统地考虑身体各系统、各部位之间的相互作用和关系，以及它们与外部环境之间的相互影响。通过研究人体运动整体观，我们可以更深入地理解人体在运动过程中的生理、生化、力学等变化，为运动训练、康复治疗和体育竞技等领域提供更为科学的理论依据。

　　人体运动是一个复杂而精细的过程，涉及肌肉、骨骼、神经系统等多个系统的协同作用。在运动过程中，身体各部位通过精确的协调与配合，实现力量的传递、动作的完成以及运动技能的展示。同时，人体运动还受外部环境的影响，如重力、阻力、地面条件等，这些因素都会对人体运动的效果和安全性产生影响。

　　本书从整体观的理论研究入手，研究了生理与解剖学角度的整体观、心理视角下的整体观、社会与文化因素对整体观的影响、技术与工程角度的整体观、训练与康复中的整体观、儿童与整体观等内容。

　　另外，本书在写作过程中，参考和借鉴了一些学者的学术著作，在此向他们表示深深的感谢。由于笔者水平有限，书中难免会有不严谨的地方，希望各位读者和专家能够批评指正。

目 录

第一章 整体观概述 ... 1

第一节 整体观的定义与起源 ... 1

第二节 整体观在人体运动领域的应用 ... 6

第三节 未来整体观研究的趋势 ... 12

第二章 生理与解剖学角度的整体观 ... 19

第一节 肌肉、骨骼与关节的协同作用 ... 19

第二节 神经系统在整体运动中的作用 ... 25

第三节 生理变化对整体运动的影响 ... 30

第四节 解剖结构如何影响整体运动 ... 35

第三章 心理学视角下的整体观 ... 41

第一节 情绪与整体运动的关系 ... 41

第二节 心理状态对运动表现的影响 ... 47

第三节 运动学习与整体观的关联 ... 53

第四节 注意力与运动协调的整体观分析 ... 59

第五节 精神因素对整体运动的调控 ... 65

第四章 社会与文化因素对整体观的影响 ... 73

第一节 社会环境对个体运动的塑造 ... 73

第二节 文化因素对动作表达的影响 ... 79

第三节 团队协作与整体运动观 ... 84

第四节 整体观与运动社会学的交叉点 ... 90

第五节 跨文化研究与整体观的启示 ... 96

第五章　技术与工程角度的整体观 ······ 100

- 第一节　运动技术的整体观 ······ 100
- 第二节　运动装备与整体运动表现 ······ 106
- 第三节　运动工程对整体观的贡献 ······ 113
- 第四节　数字化技术在整体观研究中的应用 ······ 120

第六章　训练与康复中的整体观 ······ 128

- 第一节　运动训练中的整体观理念 ······ 128
- 第二节　康复过程中的整体观考虑 ······ 136
- 第三节　运动损伤的整体观管理 ······ 143
- 第四节　长期训练对整体运动的影响 ······ 150
- 第五节　康复与运动表现的整体观方法 ······ 158

第七章　老年人与整体观 ······ 166

- 第一节　老年人整体观的独特性 ······ 166
- 第二节　老年人运动能力的整体观分析 ······ 173
- 第三节　老年人运动损伤的整体风险评估 ······ 180
- 第四节　运动对老年认知功能的整体观影响 ······ 181
- 第五节　长寿社会下整体观在老年运动中的应用 ······ 188

第八章　儿童与整体观 ······ 196

- 第一节　儿童运动发展的整体观视角 ······ 196
- 第二节　成长期整体观对运动技能习得的影响 ······ 204
- 第三节　整体观在儿童运动训练中的应用 ······ 211

参考文献 ······ 218

第一章 整体观概述

第一节 整体观的定义与起源

一、整体观的基本概念解析

整体观,作为一种哲学性的思维方式和认识方法,强调的是事物之间的相互联系、相互依赖和整体统一性。它主张从全局、系统的角度去看待和分析问题,而不是孤立地、片面地看待事物的某一部分。整体观在各个领域都有着广泛的应用,特别是在人体运动领域,其指导作用尤为显著。

(一)整体观的哲学基础

整体观的哲学基础主要源于中国古代的哲学思想,特别是道家和儒家的思想。道家强调"道法自然",认为宇宙万物都遵循一定的自然规律,这些规律体现了事物的整体性和相互关联性。儒家则注重"天人合一",认为人与自然、人与社会、人与自身都应该达到和谐统一的状态。这些思想为整体观的形成提供了深厚的哲学基础。

在现代科学中,整体观也得到了广泛的认可和应用。系统科学、生态学等学科的发展,为整体观提供了更为科学的支撑。系统科学认为,任何事物都可以看作是一个系统,系统由各个要素组成,这些要素之间相互作用、相互影响,共同构成了系统的整体特性。生态学则强调生物与环境之间的相互关系,认为生物体与其所处的环境是一个不可分割的整体。

（二）整体观的内涵与外延

整体观的内涵主要包括以下几个方面：一是整体性，即认为事物是由各个部分组成的有机整体，各部分之间相互联系、相互作用；二是相互关联性，即事物之间以及事物内部各部分之间存在着密切的关联和相互影响；三是动态性，即整体观强调事物的变化和发展是一个动态的过程，需要不断地进行调整和优化；四是综合性，即整体观要求从多个角度、多个层面去分析和解决问题，以获得更为全面和准确的认识。

整体观的外延则体现在其在各个领域的应用中。无论是在自然科学、社会科学还是人文科学领域，整体观都发挥着重要的作用。在自然科学领域，整体观有助于我们更好地理解自然界的复杂性和多样性；在社会科学领域，整体观有助于我们分析社会现象的成因和演变规律；在人文科学领域，整体观则有助于我们探讨人类文明的发展和进步。

（三）整体观在运动领域的应用

在人体运动领域，整体观的应用尤为广泛。首先，在运动训练中，整体观强调训练的全面性和系统性，要求根据运动员的身体素质、技术水平、心理状况等多方面的因素来制订个性化的训练计划。这样不仅可以提高运动员的运动能力，还可以预防运动损伤的发生。

其次，在运动康复中，整体观也发挥着重要的作用。它要求康复师全面了解患者的病史、病情和身体状况，从整体上评估患者的康复需求，然后制定个性化的康复方案。这样可以帮助患者更快地恢复健康，提高生活质量。

此外，整体观还对运动科学研究具有重要的启示作用。它提醒研究者要从整体的角度去审视和研究运动现象，而不是孤立地看待某一方面。这样有助于揭示运动的本质和规律，推动运动科学的发展。

（四）整体观的现代意义与价值

在现代社会，整体观的意义和价值越发凸显。随着科技的进步和社会的发展，人们越来越认识到事物的复杂性和多样性，也越来越意识到从整体上去把握和处理问题的重要性。整体观不仅有助于我们更好地认识和理解世界，还有助于我们更好地应对和解决现实生活中的问题。

在人体运动领域，整体观的现代意义和价值主要体现在以下几个方面：一是促进运动训练的科学化和个性化；二是提高运动康复的效果和质量；三是推动运动科学研究的创新和发展；四是提升人们的健康意识和生活质量。

总之，整体观是一种具有深刻哲学内涵和广泛实践应用价值的思维方式。它强调从整体上去把握和处理问题，有助于我们更好地认识和理解世界，更好地应对和解决现实生活中的问题。在人体运动领域，整体观的应用更是具有重要意义和价值，值得我们深入研究和探索。

二、整体观的哲学渊源与思想基础

整体观作为一种独特的思维方式和认知模式，其哲学渊源深远且思想基础坚实。它汲取了古代哲学的智慧，融合了现代科学的理念，为我们提供了一种全面、系统、动态的认识和理解世界的方法。

（一）古代哲学的智慧结晶

整体观的哲学渊源可追溯到古代中国的哲学思想。在先秦时期，儒、道等学派就对整体与部分的关系进行了深入的探讨。儒家强调"天人合一"的观念，认为人与自然是和谐统一的整体，人的行为应当顺应自然的规律。道家则主张"道法自然"，认为宇宙万物都遵循自然的法则，这些法则体现了整体性的智慧和秩序。这些思想为整体观的形成提供了重要的哲学基础。

（二）现代科学的理念融合

随着现代科学的发展，整体观得到了更为广泛和深入的应用。系统科学、生态学等学科的兴起，为整体观提供了更为科学的支撑和解释。系统科学认为，任何事物都可以看作是一个系统，系统由各个要素组成，这些要素之间相互作用、相互影响，共同构成了系统的整体特性。生态学则强调生物与环境之间的相互关系，认为生物体与其所处的环境是一个不可分割的整体。这些现代科学的理念与整体观的思想基础不谋而合，共同推动了整体观的发展和应用。

（三）东方哲学的整体性思维

东方哲学，特别是中国的道家和佛家思想，对整体观的形成有着深远的影响。道家哲学强调"无为而治"，即顺应自然规律，以整体性的视角看待世界。它认为万物皆由道生，道即整体，万物在其中相互依存、相互转化。佛家则主张"万法归一"，认为世间万象虽然纷繁复杂，但归根结底都是整体的一部分，都是因缘和合的产物。这种整体性的思维方式，为整体观提供了深厚的哲学基础。

（四）现代西方哲学的整体论转向

在现代西方哲学中，随着对科学主义、还原论等思维方式的反思和批判，越来越多的哲学家开始关注整体论的思想。整体论强调事物的整体性和系统性，认为整体具有超越部分之和的特性，部分的理解必须置于整体之中。这种整体论的思想与整体观有着内在的契合性，为整体观提供了更为广阔的哲学背景和思想支持。

综上所述，整体观的哲学渊源深远且思想基础坚实。它汲取了古代哲学的智慧，融合了现代科学的理念，同时受到东方哲学和现代西方哲学的深刻影响。这些哲学渊源和思想基础共同构成了整体观的理论支撑，为我们提供了一种全面、系统、动态的认识和理解世界的方法。在现代社会，随着科技的进步和社会的发展，整体观的重要性越发凸显。它不仅能够帮助我们更好地认识和理解世界，还能够为我们提供更为科学、有效的解决问题的方法。因此，我们应该深入研究和探索整体观的思想内涵和应用价值，以推动人类社会的进步和发展。

三、整体观在古代文献中的体现

整体观作为一种独特的思维方式和认知模式，在古代文献中有着丰富的体现。这些古代文献不仅记录了古人对世界的观察和思考，也展现了整体观在古代哲学、医学、文学和艺术等领域中的深刻影响。

（一）哲学典籍中的整体观思想

在中国古代哲学典籍中，整体观思想贯穿始终。例如，《易经》作为一部古老的哲学著作，其核心思想便是"天人合一"的整体观。它强调人与自然的和谐统一，认为人应当顺应自然的规律，与自然界的万物保持一种整体的、协调的关系。此外，《道德经》也体现了整体观的思想。老子在书中强调"道"的概念，认为"道"是宇宙万物的本源和规律，它统摄万物，使万物保持一种动态的平衡。这种从整体上把握宇宙万物的思想，正是整体观的重要体现。

（二）文学作品中的整体美学追求

在文学作品中，整体观也体现在对美的追求上。古代诗人、文学家常常从整体的角度来描绘自然景色和人物形象，以展现一种整体的、和谐的美。例如，在唐诗宋词中，诗人常常通过对山水、花鸟等自然景色的描绘，来表达一种对自然整体美的赞美和向往。这种从整体角度把握美的创作方式，不仅丰富了文学作品的内涵，也体现了整体观在文学领域的影响。

（三）艺术领域中的整体构图思维

在艺术领域，整体观同样有着深刻的体现。古代绘画、书法等艺术形式中，艺术家注重整体构图和布局，以展现一种整体的、和谐的美感。例如，在绘画中，艺术家通过对画面各个元素的合理安排和组合，来营造一种整体的视觉效果；在书法中，书法家则通过笔画的起伏、转折和呼应等手法，来展现一种整体的节奏感和韵律美。这种从整体角度把握艺术创作的思维方式，正是整体观在艺术领域中的具体体现。

综上所述，整体观在古代文献中有着丰富的体现。无论是哲学典籍中的整体观思想、医学著作中的整体治疗理念，还是文学作品中的整体美学追求和艺术领域中的整体构图思维，都展现了整体观在古代文化中的重要地位和影响。这些古代文献不仅为我们提供了宝贵的思想资源，也为我们深入理解和应用整体观提供了重要的参考和借鉴。在现代社会，我们应该深入挖掘和传承这些古代文献中的整体观思想，以推动人类文明的进步和发展。

第二节 整体观在人体运动领域的应用

一、整体观在运动训练中的实践应用

整体观作为一种综合性、系统性的思维方式，在运动训练中发挥着重要作用。它强调运动员的身体、心理和社会适应能力的全面发展，注重训练过程的系统性和整体性，以及训练方法与手段的协调配合。下面将从三个方面详细阐述整体观在运动训练中的实践应用。

（一）整体观在运动员全面发展中的应用

在运动训练中，整体观强调运动员的全面发展，包括身体、心理和社会适应能力等多个方面。身体方面，整体观要求运动员具备强健的体魄和良好的运动素质，包括力量、速度、耐力、柔韧性等。因此，在训练过程中，教练需要针对运动员的个体差异，制订个性化的训练计划，通过科学合理的训练方法和手段，提高运动员的身体素质。

心理方面，整体观注重运动员的心理素质培养。运动员在比赛中往往面临着巨大的压力和挑战，需要具备良好的心理承受能力、自我调节能力和比赛应对能力。因此，教练需要关注运动员的心理状态，通过心理训练和辅导，帮助运动员建立积极的比赛心态，提高比赛表现。

社会适应能力方面，整体观强调运动员在社会交往和团队合作中的能力。运动员作为社会的一员，需要具备良好的人际交往能力、团队合作能力和社会适应能力。在训练过程中，教练可以通过组织团队活动、加强运动员之间的交流与合作，培养运动员的团队精神和协作能力，提高他们的社会适应能力。

（二）整体观在训练过程系统性中的应用

整体观在运动训练中的实践应用还体现在训练过程的系统性上。训练过程

是一个复杂而系统的工程，需要综合考虑运动员的实际情况、训练目标、训练周期等多个因素。整体观要求教练在制订训练计划时，要全面考虑运动员的各个方面，确保训练计划的系统性和整体性。

首先，教练需要对运动员进行全面的评估，了解他们的身体、心理和社会适应能力等方面的状况，以便制订个性化的训练计划。其次，教练需要根据训练目标和运动员的实际情况，合理安排训练内容和训练强度，确保训练计划的针对性和有效性。同时，教练还需要关注训练过程中的反馈和调整，根据运动员的表现和训练效果，及时调整训练计划，确保训练过程的顺利进行。

此外，整体观还要求教练在训练过程中注重训练方法与手段的协调配合。不同的训练方法和手段对运动员的影响是不同的，教练需要根据运动员的实际情况和训练目标，选择合适的训练方法和手段，并将它们有机地结合起来，以达到最佳的训练效果。

（三）整体观在训练方法与手段协调配合中的应用

整体观在运动训练中强调训练方法与手段的协调配合。训练方法和手段的选择对运动员的训练效果具有重要影响。整体观要求教练在训练过程中，根据运动员的特点和需求，灵活运用各种训练方法和手段，实现训练效果的最大化。

一方面，教练需要根据运动员的身体素质和技能水平，选择适合的训练方法。例如，对于力量型运动员，可以采用重量训练、爆发力训练等方法来提高他们的力量素质；对于技术型运动员，则可以通过技术练习、模拟比赛等手段来提升他们的技术水平。

另一方面，教练还需要注重训练手段的多样性和互补性。不同的训练手段可以针对运动员的不同方面进行训练，从而达到全面发展的目的。例如，除了传统的体能训练外，还可以引入心理训练、营养指导等手段，从多个角度提升运动员的综合能力。

同时，教练在运用训练方法和手段时，还需注意它们的协调性和整体性。

各种训练方法和手段应该相互补充、相互促进，而不是相互冲突或相互抵消。教练需要根据训练目标和运动员的实际情况，合理安排训练内容和进度，确保各种训练方法和手段能够有机地结合在一起，形成一个完整的训练体系。

综上所述，整体观在运动训练中的实践应用体现在运动员全面发展、训练过程系统性和训练方法与手段协调配合等多个方面。通过运用整体观的思想和方法，教练可以制订更加科学、合理的训练计划，提高运动员的训练效果和运动表现，推动运动训练事业的健康发展。

二、整体观在运动康复中的指导意义

在运动康复领域，整体观发挥着至关重要的指导作用。它强调从运动员的整体健康状况出发，综合考虑身体、心理和社会环境等多方面因素，制定个性化的康复方案。这种全面、系统的视角有助于更准确地评估运动员的康复需求，提高康复效果，促进运动员的全面恢复。以下从三个方面详细阐述整体观在运动康复中的指导意义。

（一）整体观在全面评估运动员康复需求中的应用

在运动康复过程中，全面评估运动员的康复需求是制定有效康复方案的前提。整体观要求康复师不仅关注运动员的身体损伤情况，还要综合考虑其心理状态、社会环境以及生活方式等因素。通过对运动员的全面评估，康复师可以更加准确地了解运动员的康复需求，从而制订个性化的康复计划。

在身体方面，康复师需要对运动员的损伤部位进行详细检查，了解损伤程度、恢复情况等。同时，还需要关注运动员的整体身体状况，包括肌肉力量、柔韧性、平衡能力等，以便制订针对性的康复训练计划。

在心理方面，康复师需要关注运动员的心理状态，包括焦虑、抑郁等情绪问题。这些问题可能会影响运动员的康复进程和效果，因此康复师需要给予适当的心理支持和辅导，帮助运动员建立积极的康复心态。

此外，康复师还需要考虑运动员的社会环境和生活方式等因素。例如，运动员的工作环境、家庭支持、饮食习惯等都可能对其康复产生影响。因此，在制订康复计划时，康复师需要充分考虑这些因素，为运动员提供全方位的康复支持。

（二）整体观在制定个性化康复方案中的体现

基于整体观的全面评估，康复师可以为运动员制定个性化的康复方案。这种方案不仅针对运动员的身体损伤，还考虑到其心理、社会等多方面因素，旨在促进运动员的全面恢复。

在身体康复方面，康复师可以根据运动员的身体状况和损伤情况，制订合适的康复训练计划。这些计划可能包括力量训练、柔韧性练习、平衡训练等，旨在提高运动员的身体素质和恢复能力。同时，康复师还需要关注运动员的训练进展和身体状况变化，及时调整训练计划，确保康复效果。

在心理康复方面，康复师可以通过心理咨询、放松训练等方式，帮助运动员缓解焦虑、抑郁等情绪问题。这些措施有助于改善运动员的心理状态，提高其康复信心和积极性。

此外，康复师还可以根据运动员的社会环境和生活方式等因素，为其提供个性化的康复建议。例如，针对工作环境对运动员的影响，康复师可以提出调整工作强度、改善工作环境等建议；针对家庭支持不足的问题，康复师可以协助运动员与家人沟通，争取更多的家庭支持和理解。

（三）整体观在促进运动员全面恢复中的作用

整体观在运动康复中的最终目标是促进运动员的全面恢复。通过全面评估运动员的康复需求和制定个性化的康复方案，康复师可以帮助运动员在身体、心理和社会等多个层面实现恢复。

在身体层面，通过科学的康复训练，运动员的身体损伤可以得到有效修复，身体素质和运动能力也会得到显著提高。这有助于运动员重返赛场，继续发挥自己的竞技水平。

在心理层面，通过心理康复措施，运动员可以逐渐摆脱负面情绪的影响，建立积极的康复心态。这种心态有助于运动员更好地应对康复过程中的挑战和困难，提高康复效果。

在社会层面，通过康复师的建议和指导，运动员可以更好地适应社会环境和生活方式的变化。他们可以更好地处理与家人、同事和朋友的关系，获得更多的社会支持和理解。这有助于运动员在康复过程中保持积极的心态和情绪状态，促进全面恢复。

综上所述，整体观在运动康复中具有重要的指导意义。它要求康复师从运动员的整体健康状况出发，全面评估其康复需求，制定个性化的康复方案，以促进运动员的全面恢复。在实践中，康复师应充分运用整体观的思想和方法，为运动员提供科学、有效的康复支持。

三、整体观对运动科学研究的启示

整体观作为一种综合性的思维方式，对运动科学研究具有重要的启示作用。它提醒我们在研究运动现象时，应当从整体上把握运动的本质和规律，注重不同领域之间的交叉与融合，以更全面地揭示运动的奥秘。以下从三个方面详细阐述整体观对运动科学研究的启示。

（一）整体观在揭示运动本质和规律中的应用

运动科学研究的核心在于揭示运动的本质和规律。整体观启示我们，在研究过程中应注重从整体的角度出发，综合考虑运动过程中身体、心理、环境等多个因素之间的相互作用。

首先，身体因素是影响运动表现的基础。运动科学研究需要深入探索身体的生理结构、功能特点以及运动过程中的生理反应，从而揭示身体与运动表现之间的内在联系。

其次，心理因素在运动过程中同样发挥着重要作用。整体观强调心理与身体之间的相互影响，因此运动科学研究需要关注运动员的心理状态、情绪变化以及心理训练对运动表现的影响，以更全面地理解运动现象。

此外，环境因素也是不可忽视的影响因素。运动科学研究需要考虑运动员所处的社会环境、训练环境以及比赛环境等因素对运动表现的影响，从而更准确地揭示运动的本质和规律。

通过综合考虑身体、心理和环境等多个因素，整体观有助于我们更全面地揭示运动的本质和规律，为运动实践提供更科学的指导。

（二）整体观在促进运动科学领域交叉与融合中的作用

运动科学研究涉及多个学科领域，如生物学、心理学、社会学等。整体观强调不同领域之间的交叉与融合，为运动科学研究提供了新的思路和方法。

首先，整体观有助于打破学科壁垒，促进不同领域之间的交流与合作。通过加强跨学科研究，运动科学研究可以借鉴其他学科的理论和方法，丰富自身的研究内容和手段。

其次，整体观有助于发现新的研究问题和方向。通过整合不同领域的知识和资源，运动科学研究可以揭示运动现象中更深层次的问题和规律，推动运动科学的发展和创新。

此外，整体观还有助于培养具备跨学科素养的研究人才。通过培养具备多学科背景和研究能力的人才，运动科学研究可以更好地应对复杂多变的运动现象和问题，推动运动科学的进步和发展。

因此，整体观在促进运动科学领域交叉与融合中发挥着重要作用，有助于推动运动科学研究的深入发展。

（三）整体观在指导运动实践中的应用

运动科学研究的最终目的是指导运动实践，提高运动员的竞技水平和运动表现。整体观为运动实践提供了全面的指导思路和方法。

首先，整体观强调个性化训练的重要性。每个运动员的身体状况、心理状态和运动经历都有所不同，因此需要制订个性化的训练计划以满足他们的特定需求。通过综合考虑运动员的整体状况，制定个性化的训练方案，可以更好地发挥他们的潜力并提高运动表现。

其次，整体观注重运动损伤的预防和康复。运动损伤是运动员面临的重要问题之一，整体观要求我们在训练过程中关注运动员的身体状况，及时发现并预防潜在损伤。同时，在运动员受伤后，整体观也强调采用综合的康复方法，从身体、心理和社会等多个方面促进运动员的恢复。

此外，整体观还关注运动员的心理健康和社会适应能力的培养。在竞技运动中，运动员面临着巨大的心理压力和社会挑战，整体观要求我们关注运动员的心理健康状态，提供必要的心理支持和辅导。同时，通过培养运动员的社会适应能力，帮助他们更好地融入社会、应对挑战。

综上所述，整体观对运动科学研究具有重要的启示作用。它提醒我们在揭示运动本质和规律时要注重整体性和综合性，在促进运动科学领域交叉与融合时要打破学科壁垒、加强跨学科研究，在指导运动实践时要关注运动员的个性化需求、预防运动损伤并培养他们的心理健康和社会适应能力。这些启示有助于我们更深入地理解运动现象、推动运动科学的发展并提高运动员的竞技水平。

第三节　未来整体观研究的趋势

一、跨学科融合与整体观研究的新方向

在21世纪的知识经济时代，跨学科融合与整体观研究日益成为学术界和实业界关注的焦点。这种新的研究方向不仅有助于打破学科壁垒，促进知识的交叉与共享，更能为解决复杂问题提供全新的视角和方法。以下从三个方面详细阐述跨学科融合与整体观研究的新方向。

（一）跨学科融合促进知识整合与创新

跨学科融合的本质在于打破传统学科的界限，将不同领域的知识、方法和技术进行整合，以实现知识的创新和突破。在这一过程中，整体观成为指导原则，强调从全局和系统的角度看待问题，避免片面和局部的思考。

此外，跨学科融合还有助于解决现实生活中的复杂问题。例如，环境问题涉及生态学、经济学、政治学等多个学科。通过跨学科的研究，可以综合考虑环境问题的各个方面，提出更加全面和有效的解决方案。

（二）整体观引领跨学科研究范式变革

整体观强调事物的整体性和系统性，认为任何事物都是作为一个整体而存在的，其内部各个部分之间相互联系、相互作用。在跨学科融合的背景下，整体观成为引领研究范式变革的重要力量。

首先，整体观推动了研究方法的创新。传统的学科研究方法往往局限于本学科的范围内，难以解决跨学科的复杂问题。而整体观则要求研究者从全局出发，采用综合性的研究方法，将不同学科的理论和方法进行有机结合。这种方法不仅有助于揭示问题的本质和规律，还能提高研究的深度和广度。

其次，整体观促进了学术共同体的形成。跨学科研究需要不同领域的专家共同合作，形成跨学科的研究团队。这种合作不仅有助于实现知识的共享和交流，还能促进不同学科之间的理解和融合。通过长期的合作和交流，可以形成具有共同研究兴趣和目标的学术共同体，推动跨学科研究的深入发展。

（三）跨学科融合与整体观在实践中的应用拓展

跨学科融合与整体观不仅在理论研究中具有重要意义，在实践应用中也展现出广阔的前景。随着科技的快速发展和社会的不断进步，越来越多的领域需要跨学科的知识和方法来解决实际问题。

在教育领域，跨学科融合与整体观有助于培养学生的综合素质和创新能力。通过融合不同学科的知识和方法，可以设计出更加丰富和多元的课程体系，提高学生的学习兴趣和积极性。同时，跨学科的研究和实践项目也能为学生提供更多的实践机会和挑战，培养他们的创新思维和解决问题的能力。

在产业发展方面，跨学科融合与整体观有助于推动产业的创新和发展。通过整合不同领域的技术和资源，可以开发出更加先进和高效的产品和服务，提高产业的竞争力和市场占有率。同时，跨学科的研究也能为产业提供新的发展方向和增长点，推动产业的转型升级和可持续发展。

此外，在环境保护、社会治理等领域，跨学科融合与整体观也具有重要的应用价值。通过综合运用不同学科的知识和方法，可以提出更加全面和有效的解决方案，推动社会的和谐发展和可持续发展。

综上所述，跨学科融合与整体观研究的新方向不仅有助于促进知识的整合与创新，引领研究范式的变革，还能在实践中发挥重要作用。未来，随着科技的进步和社会的发展，跨学科融合与整体观研究将迎来更加广阔的发展空间和机遇。

二、整体观在健康管理领域的应用现状

整体观强调将人作为一个整体来看待，注重从人的身心、社会、环境等多个维度进行综合分析和管理。在健康管理领域，整体观的应用主要体现在个性化健康管理、全面健康管理以及健康管理服务的多元化等方面。个性化健康管理根据个体的年龄、性别、遗传、生活习惯等因素，制定针对性的健康管理方案；全面健康管理则涵盖了生理、心理、社会等多个层面的健康管理，旨在实现人的全面健康；而健康管理服务的多元化则满足了不同人群的健康需求，提升了健康管理的服务质量和效果。

三、整体观在健康管理领域的应用前景分析

（一）促进健康管理的个性化发展

整体观强调个体的独特性，认为每个人的身体状况、生活环境和遗传背景都有所不同，因此健康管理方案也应因人而异。随着大数据、人工智能等技术的不断发展，健康管理将更加智能化、个性化。通过对个体的生理、心理、社会等多方面的数据进行收集和分析，可以制定出更加精准的健康管理方案，满足不同个体的健康需求。同时，整体观还强调预防为主的健康管理理念，通过提前预测和干预潜在的健康风险，可以有效降低疾病的发生率，提高人们的健康水平。

（二）推动健康管理全面化发展

整体观认为人的健康是一个综合的概念，不仅包括生理健康，还包括心理健康、社会适应能力和环境适应能力等方面。因此，在健康管理领域，整体观的应用将推动健康管理向全面化方向发展。未来的健康管理将更加注重

身心健康的协调发展，加强对心理问题的关注和治疗，提升人们的生活质量。此外，整体观还将促进健康管理与其他领域的交叉融合，如医学、营养学、心理学等，形成跨学科的健康管理服务模式，提供更加全面、综合的健康管理服务。

（三）深化健康管理服务的创新与应用

整体观的应用将促进健康管理服务的不断创新和深化应用。一方面，随着健康管理技术的不断发展，新的健康管理工具和方法将不断涌现，如智能穿戴设备、远程监测技术等，这些新技术将为健康管理提供更加便捷、高效的手段。另一方面，整体观将推动健康管理服务模式的创新，如构建健康管理服务平台，整合各类健康资源，为公众提供一站式的健康管理服务。此外，整体观还将促进健康管理服务的普及和推广，提高公众对健康管理的认识和重视程度，推动健康管理行业的持续发展。

综上所述，整体观在健康管理领域的应用前景十分广阔。未来，随着科技的进步和社会的进步，整体观将不断深化在健康管理领域的应用，推动健康管理行业的创新和发展。同时，我们也需要认识到，整体观的应用需要跨学科的知识和技术的支持，需要各方共同努力和协作。因此，我们应该加强跨学科的研究和合作，推动整体观在健康管理领域的深入应用和发展。

展望未来，整体观在健康管理领域的应用将呈现出更加多元化、智能化的趋势。随着技术的不断进步和人们健康意识的提高，整体观将更好地融入健康管理的各个环节，为人们提供更加全面、个性化的健康管理服务。同时，我们也需要关注整体观在健康管理应用中的挑战和问题，如数据隐私保护、技术伦理等，确保整体观在健康管理领域的健康发展。

总之，整体观在健康管理领域的应用前景充满机遇与挑战。我们应该积极拥抱这一理念，不断探索和创新，推动健康管理行业的持续发展，为人类的健康事业做出更大的贡献。

四、整体观研究的挑战与机遇

随着社会的不断发展和科学技术的不断进步,整体观作为一种重要的思维方式和研究方法,在各个领域中的应用日益广泛。然而,在推进整体观研究的过程中,也面临着一些挑战与机遇。以下从三个方面对整体观研究的挑战与机遇进行深入探讨。

(一)跨学科融合的挑战与机遇

1. 挑战

整体观的研究涉及多个学科的知识和方法,需要实现跨学科的知识融合与方法整合。然而,不同学科之间存在知识体系和思维方式的差异,导致跨学科融合的难度较大。此外,跨学科研究需要不同领域的专家共同合作,但在实际操作中,由于学科壁垒、沟通障碍等原因,合作往往难以顺利进行。

2. 机遇

跨学科融合为整体观研究提供了更广阔的视野和更丰富的研究资源。通过整合不同学科的知识和方法,可以形成新的研究思路和方法,推动整体观研究的深入发展。同时,跨学科合作也有助于培养具有跨学科素养的研究人才,为整体观研究提供有力的人才保障。

3. 应对策略

为了克服跨学科融合的挑战,需要加强学科间的交流与合作,建立跨学科的研究团队和合作机制。同时,还需要加强跨学科教育和培训,提高研究人员的跨学科素养和合作能力。此外,利用信息技术手段,建立跨学科的信息共享和交流平台,促进学科间的交流与合作。

(二)整体观方法论的创新挑战与机遇

1. 挑战

整体观的研究需要创新方法论以适应复杂系统的研究需求。然而,传统的还原论方法往往难以揭示复杂系统的整体性质和规律,而现有的整体观方法论尚不完善,难以满足研究的需求。此外,整体观方法论的创新还需要克服理论上的困难和技术上的挑战，如数据处理的复杂性、模型构建的准确性等。

2. 机遇

整体观方法论的创新为整体观研究提供了新的思路和工具。通过引入新的理论和方法，可以更加深入地揭示复杂系统的整体性质和规律，推动整体观研究的深入发展。同时，整体观方法论的创新也有助于推动相关学科的发展，为其他学科提供新的研究思路和方法。

3. 应对策略

为了应对整体观方法论创新的挑战，需要加强基础理论研究，探索适用于整体观研究的新理论和新方法；同时，还需要加强技术研发，提高数据处理和模型构建的准确性和效率。此外，还需要加强国际合作与交流，学习先进经验和技术手段，推动整体观方法论的创新与发展。

（三）整体观实践应用的挑战与机遇

1. 挑战

整体观在实践应用中需要面对复杂多变的社会环境和个体差异。不同地域、不同文化背景下的社会系统存在显著的差异，这要求整体观在实践应用中需要充分考虑这些差异，制定针对性的解决方案。同时，个体差异也是整体观实践应用中的重要挑战，如何根据个体的特点和需求提供个性化的整体观解决方案是一个亟待解决的问题。

2. 机遇

整体观在实践应用中的挑战同时也孕育着巨大的机遇。通过解决这些问题，可以推动整体观研究更加深入地与实际问题相结合，提升整体观的社会价值和实践意义。同时，实践应用也是检验整体观理论和方法的重要途径，通过实践应用可以不断完善和发展整体观的理论体系和方法论。

3. 应对策略

为了应对整体观实践应用的挑战并抓住机遇，需要加强理论与实践的结合，推动整体观研究向实际问题倾斜。同时，还需要加强跨学科合作，引入其他学科的理论和方法来丰富整体观的研究内容和手段。此外，还需要加强与社会各界的合作与交流，了解实际需求并推动整体观研究成果的转化和应用。

综上所述，整体观研究面临着跨学科融合、方法论创新以及实践应用等多方面的挑战与机遇。通过加强合作与交流、创新理论与方法、深化实践应用等途径，我们可以克服挑战并抓住机遇，推动整体观研究的深入发展并为解决实际问题提供有力的支持。

第二章　生理与解剖学角度的整体观

第一节　肌肉、骨骼与关节的协同作用

肌肉与骨骼在运动中的相互作用是一个复杂而精细的过程，它们共同协作，使人体能够完成各种复杂的动作和运动。以下从三个方面来分析肌肉与骨骼在运动中的相互作用内容。

一、肌肉与骨骼在运动中的作用

（一）肌肉与骨骼在运动中的协同作用

肌肉和骨骼是人体运动系统的两大核心组成部分，它们之间的协同作用是运动得以实现的基础。肌肉通过收缩产生力量，而骨骼则提供了这种力量得以发挥的杠杆作用。在运动中，肌肉和骨骼的协同作用体现在多个方面。

首先，肌肉通过肌腱附着在骨骼上，当肌肉收缩时，肌腱会拉动骨骼，从而产生关节的运动。这种协同作用使得人体能够完成各种基本动作，如屈伸、旋转等。

其次，肌肉和骨骼的协同作用还体现在对运动速度和力量的控制上。肌肉可以根据需要调整收缩的强度和速度，从而精确地控制骨骼的运动。这种精确的控制使得人体能够完成从轻微到剧烈的各种运动。

此外，肌肉和骨骼的协同作用还体现在对运动稳定性的维持上。在运动中，骨骼和关节的结构为肌肉提供了稳定的支撑，而肌肉则通过收缩来保持身体的平衡和稳定。这种协同作用使得人体能够在运动中保持稳定的姿势和动作。

（二）肌肉与骨骼在运动中的相互保护

在运动过程中，肌肉和骨骼不仅协同工作以完成各种动作，还相互保护以预防损伤。这种相互保护的作用体现在多个层面。

首先，肌肉通过其包裹和覆盖在骨骼表面的特性，为骨骼提供了一层保护屏障。当身体受到外力冲击时，肌肉能够吸收和分散这些冲击力，减轻对骨骼的直接伤害。同时，肌肉还可以通过收缩来稳定关节，防止因关节过度活动而导致的损伤。

其次，骨骼也为肌肉提供了保护。骨骼的坚硬结构为肌肉提供了支撑和保护，使得肌肉能够在相对安全的环境中工作。此外，骨骼还能够储存和释放能量，为肌肉的运动提供所需的能量支持。

这种相互保护的作用使得肌肉和骨骼在运动过程中能够相互依存、共同抵御外界的伤害，从而维持身体的健康和运动功能。

（三）肌肉与骨骼在运动中的适应性调整

人体是一个具有高度适应性的系统，肌肉和骨骼在运动过程中会根据需求进行适应性调整。这种适应性调整是肌肉与骨骼在运动中相互作用的重要体现。

首先，肌肉会根据运动的需求进行适应性改变。例如，长期进行力量训练的人，其肌肉纤维会变得更加粗壮有力，以适应更高强度的运动需求。同时，肌肉的神经控制也会发生适应性改变，使得肌肉能够更快速、更准确地响应运动指令。

其次，骨骼也会根据运动的需求进行适应性调整。在长期的运动过程中，骨骼会逐渐变得更加坚硬和致密，以承受更大的压力和冲击力。同时，骨骼的形态和结构也会发生适应性改变，以适应特定的运动需求。

这种适应性调整使得肌肉和骨骼能够更好地适应不同的运动环境和需求，从而提高运动表现和预防运动损伤。

综上所述，肌肉与骨骼在运动中的相互作用是一个复杂而精细的过程。它们通过协同作用、相互保护和适应性调整等多个方面来实现运动的完成和身体的保护。了解这种相互作用不仅有助于我们更好地理解人体运动系统的工作原理，还有助于我们制订更有效的运动训练计划和预防运动损伤的策略。因此，我们应该重视肌肉与骨骼在运动中的相互作用，并在日常生活中注重锻炼和保护它们。

二、关节稳定性与运动表现的关系

关节稳定性作为人体运动系统中的重要组成部分，与运动表现之间存在着密切的关系。一个稳定的关节能够确保运动员在运动中发挥出色的表现；反之，关节的不稳定则可能严重影响运动效果甚至引发损伤。下面将从四个方面详细阐述关节稳定性与运动表现的关系，旨在加深对此领域的认识和理解。

（一）关节稳定性对运动灵活性的影响

关节灵活性是运动表现的基础，它决定了运动员在运动中能否快速、准确地完成动作。关节稳定性与灵活性之间存在相互促进的关系。一个稳定的关节能够在运动中为肌肉和韧带提供稳固的支撑，使得关节能够在一定范围内自由运动而不受限制。这种稳定性保证了关节在运动中不易发生脱位或扭伤，从而提高了运动员的灵活性和动作质量。

同时，关节稳定性的提高也有助于增强肌肉的力量和协调性。当关节稳定时，肌肉能够更好地发挥其收缩和伸展的功能，使得运动员能够更轻松地完成各种复杂动作。此外，稳定的关节还能够促进神经系统的协调作用，使得运动员在运动中能够更精确地控制身体各部位的运动，进一步提高运动的灵活性。

（二）关节稳定性对运动耐力的影响

运动耐力是运动员在长时间运动中保持高水平表现的能力。关节稳定性对运动耐力的影响主要体现在减少能量消耗和预防运动损伤两个方面。首先，稳定的关节能够减少运动中的能量消耗。在运动中，不稳定的关节需要更多的肌肉力量来维持其稳定，这会增加运动员的能量消耗，从而影响其运动耐力。而稳定的关节则能够降低这种能量消耗，使运动员能够更长时间地保持高水平表现。

其次，关节稳定性还有助于预防运动损伤。在长时间运动中，关节承受着巨大的压力和冲击。如果关节稳定性不足，就容易发生损伤，这不仅会影响运动员的运动表现，还可能导致其无法继续参加比赛。因此，提高关节稳定性对于延长运动员的运动寿命和提高运动耐力具有重要意义。

（三）关节稳定性对技术动作的影响

在各类运动中，技术动作的准确性是运动表现的关键因素之一。关节稳定性对技术动作的完成起着至关重要的作用。稳定的关节能够为运动员提供稳定的支撑平台，使得他们能够更准确地完成技术动作。例如，在篮球运动中，投篮动作的准确性受关节稳定性的影响。如果手腕关节稳定性不足，就可能导致投篮偏离目标。同样，在田径运动中，稳定的膝关节对于起跑、加速和冲刺等动作的完成至关重要。

此外，关节稳定性还有助于提高运动员对动作的控制能力。稳定的关节能够使运动员在运动中更好地感知身体各部位的位置和运动状态，从而更精确地调整动作轨迹和力度。这种对动作的控制能力对于提高运动表现具有重要意义。

（四）关节稳定性对心理状态的影响

心理状态对于运动表现同样具有重要影响。关节稳定性与心理状态之间的关系可能不如前几个方面直观，但实际上它们之间也存在着密切的联系。一个稳定的关节能够增强运动员的自信心和安全感。当运动员在运动中感受到关节的稳定和支撑时，他们会更加自信地面对各种挑战和困难。这种自信心理有助于运动员在比赛中保持良好的心态和发挥出最佳水平。

相反，如果关节稳定性不足，运动员在运动中可能会感到担忧和不安。他们可能会担心关节受伤或影响运动表现，这种担忧会分散他们的注意力并降低自信心。长期下来，这种心理状态可能会对运动员的运动表现产生负面影响。

综上所述，关节稳定性与运动表现之间存在着密切的关系。从关节灵活性、运动耐力、技术动作和心理状态四个方面来看，关节稳定性对于提高运动表现具有重要意义。因此，在日常训练中，运动员和教练员应该注重关节稳定性的训练和保护，以提高运动员的运动表现和预防运动损伤的发生。同时，未来的研究也可以进一步探讨关节稳定性与其他运动表现因素之间的关系，以更全面地理解运动表现的影响因素和提高方法。

三、肌肉、骨骼与关节的整体协同机制

在人体运动系统中，肌肉、骨骼与关节的协同作用是至关重要的。它们共同协作，使得人体能够完成各种复杂的动作和运动。以下从四个方面详细阐述肌肉、骨骼与关节的整体协同机制。

（一）结构基础的协同作用

首先，肌肉、骨骼与关节在结构上就具有协同工作的基础。骨骼构成了人体的支架，为肌肉提供了附着点，同时也为关节的形成提供了基础。关节则是骨骼之间的连接点，它们允许骨骼在一定范围内相对运动。而肌肉则通过肌腱与骨骼相连，当肌肉收缩时，能够产生力量并拉动骨骼在关节处运动。这种结构上的紧密连接使得肌肉、骨骼与关节能够协同工作，实现人体的各种运动。

此外，肌肉、骨骼和关节本身的结构也影响其协同作用。例如，不同关节的构造决定了其运动范围和稳定性，而肌肉纤维的类型和排列方式则决定了其收缩力量和速度。这些结构特点使得肌肉、骨骼和关节能够根据不同的运动需求进行协同调整。

（二）神经系统的调控作用

神经系统在肌肉、骨骼与关节的协同作用中起着至关重要的调控作用。神经系统通过发送信号来指示肌肉进行收缩或放松，从而实现关节的运动或稳定。这种调控作用确保了肌肉、骨骼与关节在运动中的精确配合。

具体而言，当大脑发出运动指令时，神经系统会将这一指令传递给相应的肌肉群。肌肉接收到指令后，会进行相应的收缩或放松，从而产生力量。同时，神经系统还会对关节的稳定性和灵活性进行调控，确保关节在运动中的稳定性和准确性。这种神经调控的精确性使得肌肉、骨骼与关节能够协同完成各种复杂的运动任务。

（三）力量与稳定性的平衡

肌肉、骨骼与关节的协同作用还体现在力量与稳定性的平衡上。肌肉通过收缩产生力量，推动骨骼在关节处运动。而关节的稳定性和灵活性则决定了骨骼在运动过程中的范围和方向。这种力量与稳定性的平衡使得人体既能够保持足够的运动能力，又能够保持身体的稳定和平衡。

为了实现这种平衡，肌肉、骨骼与关节需要进行精细的协同调整。例如，在进行剧烈运动时，肌肉需要产生更大的力量来推动骨骼运动，而关节则需要保持足够的稳定性以防止损伤。同时，神经系统也会根据运动需求对肌肉和关节进行精确的调控，确保力量与稳定性的平衡得以维持。

（四）运动适应与恢复

肌肉、骨骼与关节的协同作用还体现在运动适应与恢复方面。在长期的运动过程中，肌肉、骨骼与关节会根据运动需求进行适应性改变。例如，经常进行力量训练的人，其肌肉纤维会变得更加粗壮有力，骨骼也会变得更加坚硬致密。这种适应性改变使得人体能够更好地适应不同的运动环境和需求。

同时，在运动过程中如果发生损伤或疲劳，肌肉、骨骼与关节也会通过协同作用进行恢复。例如，当肌肉受到损伤时，周围的肌肉群会协助其完成运动任务，以减轻受损肌肉的负担。同时，骨骼和关节也会通过调整姿势和运动方式来避免进一步的损伤。这种协同恢复机制有助于人体在运动过程中保持健康和稳定。

综上所述，肌肉、骨骼与关节的整体协同机制是一个复杂而精细的过程。它们通过结构基础的协同作用、神经系统的调控作用、力量与稳定性的平衡以及运动适应与恢复等多个方面实现协同工作，使得人体能够完成各种复杂的运动任务。了解这种协同机制不仅有助于我们更好地理解人体运动系统的工作原理，还有助于我们制订更有效的运动训练计划和预防运动损伤的策略。

第二节 神经系统在整体运动中的作用

一、神经系统对运动的调控与协调

神经系统在人体运动中发挥着至关重要的作用,它负责对运动进行精确的调控与协调,确保肌肉、骨骼和关节等运动系统的各个部分能够协同工作,实现高效而准确的运动。以下从四个方面详细阐述神经系统对运动的调控与协调机制。

(一)感觉信息的整合与处理

神经系统对运动的调控与协调首先依赖于对感觉信息的整合与处理。人体的各种感觉器官,如皮肤、肌肉、关节等,能够感知外界的刺激和内部的变化,并将这些信息转化为神经信号传递给大脑。大脑则对这些信息进行综合分析,判断当前的身体状态和运动环境,从而做出相应的运动决策。

在这个过程中,神经系统的不同部分发挥着各自的作用。感觉神经负责将感知到的信息传递给大脑,而大脑则通过运动皮层等区域对这些信息进行加工和处理。这种信息的整合与处理使得神经系统能够对外界环境做出快速而准确的反应,实现运动的灵活性和适应性。

(二)运动指令的生成与传递

神经系统不仅负责感知和处理信息,还负责生成和传递运动指令。当大脑做出运动决策后,它会通过运动皮层发出指令,这些指令沿着神经纤维传递到相应的肌肉群,引发肌肉的收缩和放松。

在这个过程中,神经系统的精确性和协调性至关重要。运动指令的生成需要大脑皮层的精确计算和规划,而指令的传递则需要神经纤维的高效传导。此外,神经系统还需要对运动指令进行精细的协调,确保不同肌肉群之间的配合和协同工作,以实现复杂的运动动作。

（三）运动控制的精细调节

神经系统对运动的调控与协调还体现在对运动控制的精细调节上。在运动过程中，神经系统会根据身体的实时状态和外界环境的变化对运动指令进行不断的调整和优化，以确保运动的准确性和稳定性。

这种精细调节涉及多个神经结构和机制的协同作用。例如，小脑在运动的协调和平衡中发挥着重要作用，它能够根据感觉信息对运动指令进行修正和调整。此外，基底核等结构也参与了运动的精细控制，它们通过调节神经递质的释放和神经回路的活动来影响肌肉的收缩和放松。

（四）学习与适应能力的发展

神经系统对运动的调控与协调还体现在其学习和适应能力的发展上。通过不断的实践和训练，神经系统能够逐渐优化运动指令的生成和传递机制，提高运动控制的精确性和效率。

这种学习和适应过程涉及神经系统的可塑性变化。在运动训练过程中，神经纤维之间的连接会发生变化，突触传递的效率也会得到改善。这些变化使得神经系统能够更好地适应不同的运动任务和环境变化，提高运动表现和运动能力。

综上所述，神经系统对运动的调控与协调是一个复杂而精细的过程。它通过整合与处理感觉信息、生成与传递运动指令、精细调节运动控制以及发展学习与适应能力等多个方面来实现对运动的精确调控与协调。这种调控与协调机制使得人体能够在各种复杂的环境中完成高效而准确的运动任务，展现出惊人的运动能力。

在深入了解神经系统对运动的调控与协调机制的基础上，我们可以进一步探讨如何通过优化神经系统的功能来提高运动表现和预防运动损伤。例如，通过科学的训练方法和技巧来增强神经系统的感知能力和反应速度，通过合理的营养补充和休息安排来保持神经系统的健康状态，通过心理调节和放松技巧来缓解运动中的紧张和焦虑情绪等。这些措施都有助于提高神经系统对运动的调控与协调能力，从而进一步提升运动表现和预防运动损伤的发生。

二、神经反馈在运动学习中的应用

神经反馈，作为一种新兴的技术手段，在运动学习中发挥着越来越重要的作用。它通过实时监测和反馈神经系统的活动状态，帮助运动员更好地了解自身运动过程中的神经机制，从而优化运动表现。以下从四个方面详细阐述神经反馈在运动学习中的应用。

（一）提升运动感知与协调能力

神经反馈能够实时反映运动员在运动过程中的神经活动状态，包括肌肉收缩、关节运动以及大脑皮层的激活情况等。通过对这些信息的反馈，运动员可以更加直观地了解自己的身体状态和运动表现，从而调整自己的运动策略。

在运动学习中，感知与协调能力是至关重要的。神经反馈可以帮助运动员提高对身体各部位运动的感知精度，使其能够更准确地控制身体姿态和运动轨迹。同时，通过反馈信息的引导，运动员还可以改善不同肌肉群之间的协调配合，提高运动的整体效率和稳定性。

（二）优化运动技能学习与掌握

运动技能的学习与掌握是一个复杂的过程，涉及神经系统的多个层面。神经反馈通过实时监测神经系统的活动状态，可以为运动员提供有关技能学习进程的反馈信息。

例如，在某项技能的学习初期，神经反馈可以帮助运动员了解自己在技能执行过程中的不足之处，从而有针对性地进行改进。随着技能水平的提高，神经反馈还可以帮助运动员发现潜在的运动模式或策略，进一步优化技能表现。此外，神经反馈还可以用于评估运动员的技能掌握程度，为其制订个性化的训练计划提供依据。

（三）促进运动恢复与损伤预防

在运动过程中，运动员可能会遭受到各种损伤或疲劳。神经反馈技术可以实时监测运动员的神经活动状态，及时发现潜在的运动损伤风险，从而采取相应的预防措施。

通过神经反馈，运动员可以了解自己在运动过程中的肌肉疲劳程度和关节稳定性情况，及时调整运动强度和方式，避免过度使用导致损伤。此外，神经反馈还可以用于评估运动员的恢复状态，指导其制订合理的康复计划，加速运动损伤的恢复过程。

（四）增强运动员的心理调控能力

除了对运动员身体状态的监测与反馈外，神经反馈还可以用于增强运动员的心理调控能力。在运动比赛中，心理状态对运动员的表现具有重要影响。神经反馈可以帮助运动员更好地了解自己的心理状态变化，如紧张、焦虑等情绪反应，从而学会通过调整呼吸、放松肌肉等方式来缓解这些负面情绪。

此外，神经反馈还可以用于训练运动员的专注力和注意力。通过实时监测大脑皮层的激活情况，神经反馈可以帮助运动员提高在运动过程中的注意力集中程度，减少外界干扰对运动表现的影响。这种心理调控能力的提升有助于运动员在比赛中保持冷静、自信的状态，发挥出最佳水平。

综上所述，神经反馈在运动学习中具有广泛的应用前景。通过提升运动感知与协调能力、优化运动技能学习与掌握、促进运动恢复与损伤预防以及增强运动员心理调控能力等方面的应用，神经反馈可以帮助运动员更好地了解自身运动过程中的神经机制，从而优化运动表现。随着技术的不断发展和完善，相信神经反馈将在未来的运动学习中发挥更加重要的作用。

三、神经系统损伤对运动功能的影响

神经系统是控制人体运动功能的关键系统，当神经系统受到损伤时，往往会对运动功能产生深远影响。以下从四个方面详细阐述神经系统损伤对运动功能的影响。

（一）肌肉控制与协调障碍

神经系统损伤首先影响的是肌肉的控制与协调能力。人体的肌肉活动是由神经系统通过运动神经元控制的，当神经系统受到损伤时，运动神经元的信号传导可能受阻，导致肌肉无法正常收缩或放松。

这种障碍表现为肌肉无力、僵硬或痉挛,严重影响患者的运动能力。例如,帕金森病患者的脑神经受损,导致肌肉僵硬和震颤,使得运动变得缓慢和困难。多发性硬化症患者的神经系统受损,则可能导致肌肉无力,影响平衡和协调。

(二)姿势与平衡受损

神经系统损伤还可能导致姿势与平衡受损。人体的姿势和平衡是由多个神经系统共同维持的,包括前庭系统、视觉系统和本体感觉系统等。当这些系统受到损伤时,人体的姿势和平衡调节能力就会下降。

患者可能表现出站立不稳、步态异常等症状,严重影响其日常生活。例如,脑梗或脑出血后的患者,由于神经系统的受损,可能出现偏瘫或活动不灵,需要进行康复训练来改善肢体运动功能。

(三)感觉功能减退

神经系统损伤还可能导致感觉功能减退。感觉功能是神经系统的重要功能之一,它使我们能够感知外界的刺激和信息。当神经系统受到损伤时,感觉传导通路可能受阻,导致患者的感觉功能下降。

这表现为触觉、痛觉、温度觉等感觉减退或消失,使得患者无法准确感知外界环境,进而影响其运动功能。例如,听神经损伤可能导致听力障碍,影响患者对声音的定位和反应;视神经损伤可能导致视力障碍,影响患者的空间感知和运动判断。

(四)心理与情绪影响

除了直接的生理影响外,神经系统损伤还可能对患者的心理和情绪产生负面影响。面对运动功能的减退和日常生活的不便,患者可能产生焦虑、抑郁等情绪问题。

这些情绪问题进一步影响着患者的康复进程和生活质量。因此,在治疗神经系统损伤的过程中,除了关注患者的生理状况外,还需要重视其心理和情绪状态,提供必要的心理支持和疏导。

综上所述,神经系统损伤对运动功能的影响是多方面的,涉及肌肉控制与协调、姿势与平衡、感觉功能以及心理和情绪等多个方面。因此，在治疗神经系统损伤时，需要综合考虑患者的各种症状和需求，制定个性化的治疗方案，以期达到最佳的康复效果。

同时，对于神经系统损伤的预防也至关重要。通过保持良好的生活习惯、避免过度使用某些神经药物、定期进行体检等方式，可以降低神经系统损伤的风险。此外，对于已经出现神经系统损伤的患者，早期的诊断和治疗也是至关重要的，可以减缓病情的进展并改善预后。

第三节 生理变化对整体运动的影响

一、年龄对运动能力的影响及机制

随着年龄的增长，人体的运动能力会经历一系列的变化，这些变化不仅与生理结构有关，还与神经、肌肉、代谢等多个系统的功能变化密切相关。以下将从三个方面探讨年龄对运动能力的影响及其机制。

（一）年龄对肌肉力量的影响

随着年龄的增长，人体的肌肉量和力量会逐渐减少。这是由于随着年龄的增长，肌肉组织的数量和质量会减少，导致肌肉力量和耐力下降。这种变化在中年以后尤为明显，尤其在60岁以上的老年人中更为显著。肌肉力量的下降直接影响着人体的爆发力和持久力，从而影响着运动能力的表现。

此外，年龄增长还会导致肌肉纤维类型的改变。随着年龄的增长，快肌纤维（负责爆发力和速度）的比例会减少，而慢肌纤维（负责耐力和持久力）的比例会增加。这种变化使得老年人在进行高强度、高速度的运动时表现不如年轻人。

机制方面，年龄增长导致的激素变化在其中起着重要作用。随着年龄的增长，人体的生长激素、睾酮等促进肌肉生长的激素水平会逐渐下降，这进一步加速了肌肉量和力量的减少。

（二）年龄对心血管和呼吸系统的影响

心血管和呼吸系统是运动能力的重要保障。然而，随着年龄的增长，这两个系统的功能也会逐渐衰退。

心血管系统方面，随着年龄的增长，血管弹性下降，血压调节能力减弱，心脏泵血功能也会逐渐下降。这些变化使得老年人在进行运动时，心脏需要更加努力地泵血以满足身体的需求，从而导致运动能力受限。此外，老年人还容易出现动脉粥样硬化等心血管疾病，进一步影响运动能力。

呼吸系统方面，随着年龄的增长，肺活量会逐渐降低，呼吸道黏膜的纤毛运动功能也会减弱。这些变化导致老年人在进行运动时，氧气摄入量减少，二氧化碳排出受阻，从而影响运动表现和耐力。

机制方面，年龄增长导致的氧化应激和炎症反应在心血管和呼吸系统的衰退中起着关键作用。随着年龄的增长，氧化应激和炎症反应逐渐增强，导致血管壁损伤、心肌细胞凋亡等病理改变，进而影响到运动能力。

（三）年龄对神经系统的影响

神经系统在运动能力的调控中起着至关重要的作用。然而，随着年龄的增长，神经系统的功能也会逐渐衰退。

首先，年龄增长会导致神经传导速度的减慢。神经传导速度的减慢使得神经信号在传递过程中受到阻碍，从而影响到肌肉收缩的速度和力量。这种变化在老年人中尤为明显，表现为反应迟钝、动作不协调等症状。

其次，年龄增长还会影响到大脑神经系统的功能。随着年龄的增长，大脑皮层的神经元数量减少，突触连接也逐渐减少。这些变化导致大脑在处理信息、做出决策等方面的能力下降，从而影响到运动表现和协调能力。

机制方面，年龄增长导致的神经递质失衡和神经退行性病变在其中起着重要作用。随着年龄的增长，神经递质如多巴胺、乙酰胆碱等的水平会发生变化，导致神经传导功能异常。同时，神经退行性病变如阿尔茨海默病等也会导致神经系统功能的衰退。

综上所述，年龄对运动能力的影响是多方面的，涉及肌肉力量、心血管和呼吸系统功能以及神经系统功能等多个方面。这些影响不仅导致运动能力的下降，还增加了老年人在运动过程中受伤的风险。因此，在制订运动计划时，应根据个人的年龄和身体状况进行合理的安排，以充分发挥运动对健康的益处。同时，针对年龄增长带来的生理变化，可以通过合理的饮食、补充营养素、进行适当的锻炼等方式来延缓运动能力的下降，提高生活质量。

二、性别差异在运动生理中的表现

性别差异在运动生理中的表现是一个复杂而广泛的主题，涵盖了肌肉力量、耐力、协调性、柔韧性等多个方面。这些差异不仅影响了个体在各类运动中的表现，还为我们理解性别与运动能力之间的关系提供了重要线索。以下将从四个方面详细阐述性别差异在运动生理中的具体表现。

（一）肌肉力量与耐力的性别差异

男性在肌肉力量和爆发力方面通常具有优势。这主要归因于男性体内较高的睾酮水平，这种激素有助于促进肌肉生长和力量发展。因此，在举重、田径等需要爆发力和力量的运动项目中，男性往往表现出更高的运动水平。然而，在耐力方面，女性可能展现出更好的表现。女性的体脂率相对较高，这使得她们在长时间运动中能够更好地利用脂肪作为能量来源，从而保持较稳定的能量供应。因此，在长跑、马拉松等耐力性运动项目中，女性选手往往能够取得优异的成绩。

（二）协调性与灵敏度的性别差异

女性在协调性和灵敏度方面通常优于男性。这可能与女性神经系统的发育特点有关。在青春期前，女性的神经系统发育速度较快，这使得她们在协调性和灵活性方面具有先天优势。因此，在体操、花样滑冰等需要高度协调性和灵敏度的运动项目中，女性选手往往能够展现出更为出色的表现。此外，女性的身体柔韧性也普遍较好，这使得她们在舞蹈、瑜伽等运动中更具优势。

（三）代谢与恢复的性别差异

性别差异在代谢和恢复方面也有所体现。女性的基础代谢率通常低于男性，这意味着她们在休息状态下消耗的能量较少。然而，在运动中，女性可能更容易利用脂肪作为能量来源，这有助于她们在长时间运动中保持稳定的能量供应。此外，女性在运动后的恢复过程中也可能表现出一些独特的生理特点。例如，女性的肌肉恢复速度可能较快，这有助于她们在短时间内从运动中恢复过来，准备下一次的训练或比赛。

（四）心理与情感的性别差异

除了生理方面的差异外，性别差异在心理和情感方面也对运动表现产生影响。男性通常更倾向于竞争和挑战，他们在运动中可能表现出更强的自信和决心。这种性格特点使得男性在需要高度竞争和拼搏精神的运动项目中更具优势。而女性则更注重合作和沟通，她们在团队运动中往往能够发挥出色的协调和组织能力。此外，女性在情感表达和处理方面也通常更为细腻和敏感，这使得她们在需要高度专注和情绪管理的运动项目中表现出色。

综上所述，性别差异在运动生理中的表现是多方面的，涵盖了肌肉力量、耐力、协调性、柔韧性以及心理和情感等多个方面。这些差异不仅影响了个体在各类运动中的表现，还为我们制订个性化的运动训练计划和提高运动成绩提供了重要依据。在未来的研究中，我们还需要进一步探讨性别差异在运动生理中的具体机制，以便更好地理解和应用这些差异来提高运动表现和促进健康。同时，我们也应该尊重每个人的性别特征和个体差异，避免在运动中过于强调性别差异而忽视了个人的潜力和能力。

三、环境因素对运动生理的调节作用

环境因素在运动生理中扮演着重要的角色，它们能够直接或间接地影响人体的生理功能和运动表现。以下将从四个方面详细阐述环境因素对运动生理的调节作用。

（一）温度对运动生理的影响

温度是影响运动生理的重要因素之一。在高温环境下进行运动时，人体会面临热应激的挑战。此时，皮肤血管扩张，汗液分泌增加，以维持体温的恒定。

然而，过度的汗液流失可能导致体内水分和电解质的失衡，影响运动表现。此外，高温还可能使肌肉疲劳加剧，降低肌肉的力量和耐力。相反，在低温环境下，人体需要消耗更多的能量来维持体温，这可能导致运动能力的下降。同时，低温还可能影响神经系统的传导速度，降低反应的灵敏性。

为了应对不同温度环境对运动生理的影响，运动员可以通过适应性训练来提高身体的耐热或耐寒能力。此外，合理的饮食和水分补充也是保持运动生理稳定的关键。

（二）气压与海拔对运动生理的影响

气压和海拔也是影响运动生理的重要环境因素。在高海拔地区，由于空气稀薄，氧气含量降低，人体需要更多的呼吸来获取足够的氧气。这可能导致心率的加快和呼吸的加深加快，以适应缺氧环境。长期在高海拔地区进行训练可以提高运动员的缺氧适应能力，增强心肺功能。然而，对未经适应的运动员来说，突然进入高海拔地区可能导致运动能力的下降和身体不适。

气压的变化也会对运动生理产生影响。低气压环境可能导致人体血液中的氧分压降低，影响氧气在体内的运输和利用。这可能对运动员的耐力表现产生负面影响。因此，在气压较低的环境下进行运动时，运动员需要更加注意呼吸的调整和氧气的摄入。

（三）光照与噪声对运动生理的影响

光照和噪声也是影响运动生理的环境因素之一。光照对人体内的生物钟和激素分泌有重要影响。适度的光照可以促进人体新陈代谢和激素的分泌，有助于提高运动表现。然而，过强的光照可能导致视觉疲劳和不适，影响运动员的注意力和反应速度。因此，在运动场馆或户外训练场地中，合理的光照设计和防护措施是必要的。

噪声对运动生理的影响也不可忽视。高强度的噪声可能干扰运动员的注意力集中和思维判断，降低运动表现。此外，噪声还可能引起心理紧张和焦虑情绪，对运动员的心理状态产生负面影响。因此，在运动训练和比赛中，应尽可能减少噪声的干扰，为运动员提供一个安静、舒适的运动环境。

（四）空气质量对运动生理的影响

空气质量是影响运动生理的又一重要环境因素。空气中的污染物如颗粒物、有害气体等可能对人体的呼吸系统产生刺激和损害，影响运动员的呼吸功能和氧气摄入。长期在污染严重的环境中进行运动可能导致呼吸系统的慢性疾病，降低运动能力。因此，在选择运动场地时，应关注当地的空气质量状况，尽量选择空气质量良好的地方进行运动训练和比赛。

综上所述，环境因素对运动生理具有显著的调节作用。温度、气压与海拔、光照与噪声以及空气质量等因素都可能直接或间接地影响人体的生理功能和运动表现。为了保持良好的运动状态和取得更好的运动成绩，运动员和教练员应充分了解环境因素对运动生理的影响，并采取相应的措施进行应对和调整。同时，相关部门也应加强环境质量的监测和管理，为运动员提供一个安全、健康的运动环境。

第四节　解剖结构如何影响整体运动

一、身体比例与运动效率的关系

身体比例是指人体各部分之间的相对大小和比例关系，而运动效率则是指身体在进行各种运动时所表现出的能量利用效率和运动性能。这两者之间存在着紧密的联系，身体比例的优化往往能够提升运动效率，反之亦然。下面将从四个方面详细阐述身体比例与运动效率的关系。

（一）身体比例对运动力学的影响

身体比例对于运动力学特性具有显著影响。例如，腿部长度与躯干长度的比例会影响步幅和步频，进而影响跑步速度。较长的腿部可以使步幅增大，从而在相同时间内覆盖更多距离；而较短的躯干则有助于减少身体在运动中的摆动幅度，降低能量消耗。这种身体比例有助于运动员在长跑等耐力性项目中保持较高的运动效率。

此外，身体各部位肌肉量的比例也会影响运动表现。例如，在举重等力量性项目中，运动员需要具有发达的四肢肌肉以产生强大的力量。而如果运动员的躯干肌肉过于发达，可能会导致身体重心不稳，影响技术动作的完成和运动效率。

（二）身体比例对能量消耗的影响

身体比例还会影响运动时的能量消耗。在运动中，身体需要消耗能量来支持肌肉收缩和动作完成。合理的身体比例有助于降低能量消耗，提高运动效率。例如，较轻的体重和较低的体脂率可以减少身体在运动中的阻力，降低能量消耗；而较发达的肌肉则有助于提高肌肉收缩效率，减少不必要的能量损失。

此外，身体比例还会影响运动员在特定运动中的能量利用方式。例如，在游泳项目中，运动员的身体比例会影响他们在水中的浮力和阻力。具有较窄的肩部和较宽的髋部的运动员在水中更容易保持平衡，减少阻力，从而提高游泳效率。

（三）身体比例对运动协调性的影响

身体比例对运动协调性具有重要影响。协调性是指身体各部位在运动过程中的配合程度。合理的身体比例能够使运动员在进行各种复杂动作时更加协调流畅，减少动作中的停顿和错误，从而提高运动效率。

例如，在体操项目中，运动员需要完成各种高难度的空中动作和地面技巧。具有匀称的身体比例和灵活的关节的运动员能够更容易地完成这些动作，表现出更高的运动效率。相反，如果运动员的身体比例不协调，可能会导致动作完成度低、稳定性差等问题，降低运动效率。

（四）身体比例对运动损伤的预防

合理的身体比例还有助于预防运动损伤。不同的运动项目对身体各部位的要求不同，如果身体比例不符合运动项目的需求，可能会增加运动员在运动过程中受伤的风险。例如，在篮球项目中，运动员需要频繁地进行跑跳和转身等动作。如果运动员的腿部过于瘦弱或关节不够灵活，可能会增加膝关节和踝关节受伤的风险。

因此，针对特定的运动项目，通过合理的饮食和锻炼来优化身体比例，可以有效地预防运动损伤的发生。这不仅有助于运动员保持健康的身体状态，还能够延长他们的运动寿命，提高运动效率。

综上所述，身体比例与运动效率之间存在着密切的关系。合理的身体比例能够提升运动员的运动效率，而运动效率的提高也有助于运动员在比赛中取得更好的成绩。因此，在运动员的选材和训练中，应充分考虑身体比例的因素，通过科学的训练和饮食计划来优化身体比例，提高运动效率。同时，运动员自身也应关注自己的身体比例状况，积极调整和优化身体比例，以更好地适应运动项目的需求和提高运动表现。

二、解剖结构异常对运动功能的影响

解剖结构异常是指人体内部器官、骨骼、肌肉、韧带等组织的形态、大小、位置等与正常情况存在差异。这种异常状况可能对个体的运动功能产生深远影响，从力量生成、动作协调到运动稳定性等多个方面均可能受到波及。下面将从四个方面详细阐述解剖结构异常对运动功能的影响。

（一）骨骼形态异常对运动功能的影响

骨骼作为运动系统的基础，其形态异常往往直接影响运动功能。例如，股骨或肱骨的长度异常可能影响肌肉收缩速度和力量生成。较长的骨骼杠杆臂有助于产生更大的力矩，但同时也可能增加关节受力，增加运动损伤的风险。此外，骨骼的横截面积、重量和密度等特征也与运动速度、耐力和稳定性密切相关。

（二）肌肉与韧带结构异常对运动功能的影响

肌肉和韧带是运动系统中的重要组成部分，它们的结构异常对运动功能的影响不容忽视。肌肉纤维类型的差异可能影响力量表现和耐力。例如，快肌纤维较多的个体可能在爆发力方面表现优越，而慢肌纤维较多的个体则可能具有更好的耐力。韧带松紧度的异常则可能影响关节的稳定性和运动范围，进而影响运动表现。

(三)关节结构异常对运动功能的影响

关节是连接骨骼的重要结构,其形态和稳定性的异常对运动功能的影响尤为显著。关节活动范围的受限可能影响个体的灵活性和运动效率。例如,肩关节或髋关节的解剖结构异常可能导致过顶动作或深蹲等动作的受限。此外,关节的稳定性也是运动功能的关键因素,稳定性不足可能导致运动损伤的风险增加。

(四)解剖结构异常对运动协调性和损伤风险的影响

解剖结构异常还可能影响个体的运动协调性和增加运动损伤的风险。协调性的下降可能导致动作完成度降低,影响运动表现。同时,异常的解剖结构可能使个体在运动中更容易受到损伤。例如,脊柱的曲度异常可能影响腰椎的稳定性,增加腰部损伤的风险;膝关节内部结构的异常可能导致膝关节稳定性和承受力的下降,增加膝关节损伤的可能性。

值得注意的是,解剖结构异常对运动功能的影响并非绝对,个体之间存在一定的差异。同时,通过科学的训练和康复手段,部分解剖结构异常可以得到一定程度的纠正或改善,从而减轻其对运动功能的影响。

综上所述,解剖结构异常对运动功能的影响是多方面的,涉及骨骼、肌肉、韧带、关节等多个方面。对运动员和普通人来说,了解自身解剖结构的特点和潜在风险,采取针对性的训练和预防措施,是维护良好运动功能、减少运动损伤的关键。同时,对于存在解剖结构异常的个体,应在专业人员的指导下进行运动训练,以确保运动的安全性和有效性。

三、解剖结构与运动损伤风险的关联

解剖结构作为人体的基本框架,对于运动功能及损伤风险的评估至关重要。不同个体的解剖结构特点决定了其在运动中的受力分布、稳定性及灵活性,进而影响着运动损伤的发生概率。下面将从四个方面详细探讨解剖结构与运动损伤风险的关联。

（一）骨骼形态与运动损伤风险

骨骼形态是决定运动损伤风险的关键因素之一。首先，骨骼的大小和形状影响着关节的匹配度和稳定性。例如，膝关节内翻或外翻的骨骼形态可能导致关节受力不均，增加关节软骨磨损和韧带损伤的风险。其次，骨骼的密度和强度也是评估损伤风险的重要指标。骨质疏松或骨骼发育不良可能降低骨骼的承受能力，使其在运动中更易发生骨折。

此外，骨骼的异常增生或退行性变也可能影响运动功能，增加损伤风险。例如，骨质增生可能导致关节间隙狭窄，影响关节活动度，增加关节炎和关节损伤的风险。因此，了解个体的骨骼形态特点，对于预防运动损伤具有重要意义。

（二）肌肉结构与运动损伤风险

肌肉结构同样与运动损伤风险密切相关。肌肉的形态、力量和柔韧性是影响运动表现和运动损伤风险的重要因素。首先，肌肉力量的不足可能导致关节稳定性下降，增加运动中的扭伤和拉伤风险。其次，肌肉的柔韧性不足可能影响动作的完成度和协调性，增加关节过度伸展或扭曲的风险。最后，肌肉的疲劳和过度使用也是导致运动损伤的常见原因。长时间的重复动作或高强度的运动训练可能导致肌肉劳损和炎症，进而引发损伤。因此，在运动中合理安排训练强度和时间，避免肌肉疲劳和过度使用，对于预防运动损伤至关重要。

（三）关节结构与运动损伤风险

关节作为连接骨骼的重要结构，其解剖特点与运动损伤风险直接相关。关节的稳定性、灵活性和受力分布是影响运动损伤风险的关键因素。首先，关节的稳定性不足可能导致关节在运动中的异常活动，增加韧带和关节囊损伤的风险。其次，关节的灵活性不足可能影响动作的流畅性和协调性，增加关节扭伤和劳损的风险。最后，关节的受力分布也是影响运动损伤风险的重要因素。不合理的运动姿势和动作可能导致关节受力不均，增加关节软骨磨损和退行性变的风险。因此，在运动中保持正确的姿势和动作，避免关节受力不均，对于预防运动损伤具有重要意义。

（四）软组织结构与运动损伤风险

除了骨骼、肌肉和关节外，软组织结构如韧带、肌腱和关节囊等也与运动损伤风险密切相关。这些软组织结构在运动中起到连接、支撑和保护作用。首先，韧带的弹性和强度影响着关节的稳定性和活动范围。韧带松弛或损伤可能导致关节稳定性下降，增加关节脱位和扭伤的风险。其次，肌腱的强度和耐力也影响着肌肉收缩的效果和损伤风险。肌腱炎或肌腱断裂是常见的运动损伤之一，可能由过度使用或突然的外力所致。最后，关节囊的厚度和滑液的分泌也对关节的健康和运动功能产生重要影响。关节囊的炎症或增厚可能导致关节活动受限和疼痛，增加运动损伤的风险。因此，保持软组织的健康和完整性对于预防运动损伤至关重要。

综上所述，解剖结构与运动损伤风险之间存在着密切的关联。了解个体的解剖结构特点，合理安排运动强度和方式，避免不合理的运动姿势和动作，是预防运动损伤的关键。同时，对于存在解剖结构异常的个体，应在专业人员的指导下进行运动训练，以降低运动损伤的风险。

第三章 心理学视角下的整体观

第一节 情绪与整体运动的关系

一、情绪对运动表现的影响机制

（一）情绪的唤醒作用与运动表现

情绪的唤醒作用是指情绪能够激发个体的生理和心理活动，使其处于一种活跃状态。在运动领域，适当的情绪唤醒有助于提升运动员的竞技状态，使其更加专注于比赛，充分发挥技能水平。例如，适度的兴奋和紧张感可以激发运动员的斗志，使其更加努力地投入到比赛中。然而，过度的情绪唤醒也可能导致运动员出现焦虑、紧张等负面情绪，进而影响其运动表现。

（二）情绪对注意力分配的影响

情绪状态会直接影响运动员的注意力分配。在积极情绪状态下，运动员往往能够更加专注于比赛任务，忽略与任务无关的信息，从而提高注意力的集中度和稳定性。相反，在消极情绪状态下，运动员的注意力容易受到干扰，难以集中在比赛任务上，导致技能发挥失误。因此，运动员在比赛中需要学会调节自己的情绪状态，以保持良好的注意力分配。

（三）情绪对动机水平的影响

情绪状态是影响运动员动机水平的重要因素。积极的情绪状态能够激发运动员的内在动力，使其更加积极地投入到比赛中。而消极的情绪状态则可能导致运动员缺乏动力，对比赛失去兴趣。此外，情绪状态还会影响运动员对比赛结果的期望和态度，进而影响其比赛中的表现。因此，运动员在比赛前需要调整好自己的情绪状态，以保持良好的动机水平。

（四）情绪对运动决策的影响

在运动中，运动员需要快速而准确地做出决策。情绪状态在这个过程中起着至关重要的作用。积极情绪有助于提高运动员的自信心和判断力，使其在关键时刻能够做出正确的决策。相反，消极情绪可能导致运动员产生犹豫、焦虑等心理，从而影响其决策速度和准确性。因此，运动员在比赛中需要保持冷静、乐观的情绪状态，以应对各种复杂多变的运动情境。

综上所述，情绪对运动表现的影响机制是一个复杂而多元的过程。在实际应用中，运动员和教练员应充分了解情绪对运动表现的影响，采取有效的心理调节方法，帮助运动员在比赛中保持良好的情绪状态，从而提高运动表现水平。同时，未来的研究可以进一步探讨不同运动项目、不同运动员群体以及不同比赛情境下情绪与运动表现的关系，为运动实践提供更加全面和深入的指导。

除了上述提到的情绪对运动表现的影响机制外，我们还需要关注情绪调节在运动中的作用。情绪调节是指个体通过一定的策略和方法，对自己的情绪状态进行调整和控制，以适应不同的环境和任务需求。对运动员来说，学会有效地调节情绪是提高运动表现的关键。

在实际训练中，运动员可以通过认知重构、放松训练、情绪表达等方式来调节自己的情绪状态。认知重构是指改变对情绪事件的理解和解释，以更积极、乐观的态度看待问题；放松训练则是通过深呼吸、肌肉放松等方法来降低紧张和焦虑感；情绪表达则是通过与他人交流、写日记等方式来表达和释放自己的情绪。这些情绪调节方法可以帮助运动员在比赛中保持稳定的情绪状态，发挥出最佳水平。

此外，教练员在运动员的情绪调节中也扮演着重要的角色。教练员可以通过与运动员的沟通、反馈和指导，帮助运动员建立正确的情绪观念和行为习惯，提高情绪调节的能力。同时，教练员还需要关注运动员在比赛中的情绪变化，及时给予支持和鼓励，帮助运动员克服负面情绪，保持积极的心态。

总之，情绪与整体运动表现之间存在着密切的关系。通过深入了解情绪对运动表现的影响机制以及采取有效的情绪调节方法，我们可以帮助运动员在比赛中保持良好的情绪状态，发挥出最佳水平。这对于提高运动表现、促进运动员的全面发展具有重要意义。

二、情绪调节在运动训练中的应用

情绪调节在运动训练中扮演着至关重要的角色。通过有效地调节情绪，运动员可以更好地应对训练中的挑战和压力，提升训练效果，进而在比赛中取得更好的成绩。下面将从四个方面详细探讨情绪调节在运动训练中的应用。

（一）情绪调节与动机激发

动机是驱动运动员进行训练的内部力量。情绪调节在激发运动员动机方面发挥着关键作用。当运动员面临训练中的困难和挑战时，通过积极的情绪调节，如设定明确的目标、想象成功的场景、寻找训练的乐趣等，可以激发其内在的动机，增强训练的主动性和积极性。

此外，教练员在训练过程中也可以通过情绪调节来激发运动员的动机。例如，教练员可以运用正面的反馈和鼓励，让运动员感受到自己的进步和成就，从而增强其训练的动力。同时，教练员还可以通过设定具有挑战性的训练任务，激发运动员的斗志和求胜欲望。

（二）情绪调节与压力应对

运动训练中，运动员常常面临着来自身体、心理和社会等多方面的压力。这些压力如果得不到有效的应对，可能会对运动员的训练效果和比赛表现产生负面影响。因此，情绪调节在应对训练压力方面具有重要的意义。

通过学习和运用情绪调节技巧，如深呼吸、放松训练、冥想等，运动员可以在面对压力时保持冷静和自信。这些技巧有助于运动员缓解紧张情绪，减轻焦虑感，从而更好地应对训练中的挑战。同时，教练员也可以帮助运动员建立积极的应对压力的态度和策略，提高其在压力环境下的适应能力和抗压能力。

（三）情绪调节与团队协作

在团队运动项目中，情绪调节对于团队协作的促进作用不可忽视。团队成员之间的情绪状态会相互影响，积极的情绪能够增强团队的凝聚力和向心力，而消极的情绪则可能导致团队氛围紧张，影响团队协作效果。

因此，在团队训练中，教练员可以引导运动员学习如何调节和管理自己的情绪，以更好地融入团队，与队友保持良好的沟通和合作。同时，教练员还可以通过团队活动、团队建设等方式，增强团队的凝聚力和信任感，为运动员在比赛中发挥出最佳水平创造良好的团队氛围。

（四）情绪调节与技能学习

情绪状态对运动员的技能学习和掌握具有重要影响。在技能学习过程中，运动员需要保持专注、耐心和自信等积极情绪状态，以便更好地吸收和掌握新技能。而焦虑、紧张等消极情绪则可能干扰运动员的注意力，影响其对技能的感知和理解。

因此，在技能训练中，教练员可以通过情绪调节来帮助运动员保持良好的学习状态。例如，教练员可以运用示范教学、分解练习等方法，降低技能学习的难度，让运动员在轻松愉快的氛围中掌握新技能。同时，教练员还可以关注运动员在技能学习过程中的情绪变化，及时给予指导和支持，帮助运动员克服学习中的困难和挑战。

此外，运动员自身也需要学会在技能学习中进行情绪调节。他们可以通过自我暗示、积极思维等方式来保持积极的学习态度，增强自信心和毅力。同时，运动员还可以通过反思和总结自己的学习过程，不断调整和优化自己的情绪调节策略，提高技能学习的效果和质量。

综上所述，情绪调节在运动训练中具有广泛的应用价值。通过有效地调节情绪，运动员可以更好地应对训练中的挑战和压力，提升训练效果，为在比赛中取得优异成绩奠定坚实的基础。因此，运动员和教练员应重视情绪调节在运动训练中的作用，积极学习和运用相关的情绪调节技巧和方法，为运动员的全面发展提供有力支持。

三、情绪与运动动机的相互作用

在运动领域中,情绪与运动动机之间存在着密切的相互作用关系。情绪不仅受到运动动机的驱动,同时也对运动动机产生深远的影响。深入理解这种相互作用对于提高运动员的训练效果和比赛表现具有重要意义。

(一)情绪对运动动机的激发与抑制

情绪在运动动机的激发与抑制中扮演着关键角色。积极的情绪,如兴奋、愉悦等,能够激发运动员的运动动机,促使其更加积极地投入到训练和比赛中。这种情绪状态下的运动员往往更有动力去克服困难,挑战自我,追求更好的成绩。

相反,消极的情绪,如焦虑、沮丧等,则可能抑制运动员的运动动机,使其对训练和比赛失去兴趣和热情。这种情绪状态下的运动员可能缺乏动力去努力训练,甚至可能产生逃避比赛的想法。

因此,运动员需要学会有效地调节自己的情绪,保持积极的情绪状态,以激发运动动机,提高训练效果和比赛表现。

(二)运动动机对情绪的影响与塑造

运动动机同样对情绪产生着深刻的影响。明确且强烈的运动动机能够使运动员在面对挑战和困难时保持积极、乐观的情绪状态。例如,一个有着强烈夺冠动机的运动员在比赛中往往能够保持冷静、自信,即使面临逆境也能迅速调整情绪,积极应对。

相反,缺乏明确运动动机的运动员则可能在比赛中表现出消极、被动的情绪状态,难以应对挑战和压力。此外,运动动机的类型和强度也会影响运动员的情绪体验。内在动机强的运动员更容易体验到运动带来的乐趣和满足感,而外在动机强的运动员则可能更多地体验到压力和焦虑。

因此,教练员在指导运动员的过程中,应注重激发和培养运动员的内在动机,使其从内心深处热爱运动,享受运动带来的快乐。同时,也要关注运动员的外在动机,避免过度强调成绩和奖励,以免对运动员的情绪产生负面影响。

（三）情绪与运动动机的相互调适与促进

在实际的运动训练中，情绪与运动动机之间的相互作用是一个动态的过程。运动员需要根据自身的情绪状态和运动动机进行相互调适，以达到最佳的竞技状态。

当运动员面临挑战和压力时，通过积极的情绪调节策略，如深呼吸、放松训练等，可以有效地缓解紧张情绪，提高自信心和斗志。这种积极的情绪状态能够进一步激发运动员的运动动机，促使其更加努力地投入到训练中。

同时，运动员也可以通过设定明确的目标、制订合理的训练计划等方式来增强自己的运动动机。这种强烈的动机状态使运动员在面对困难时更加坚定信念，积极应对挑战。而这种积极应对挑战的过程又反过来促进了运动员的积极情绪体验，形成了情绪与运动动机之间的良性循环。

（四）个性化情绪与动机管理策略

每个运动员的情绪和动机特点都有所不同，因此，他们需要采用个性化的情绪与动机管理策略。运动员应了解自己的情绪类型和触发点，学会在关键时刻有效地调整情绪状态。例如，有的运动员在比赛前容易出现紧张情绪，他们可以通过专注力训练或冥想等方法来平复情绪。

同时，运动员也应明确自己的运动动机，并根据个人目标和价值观来调整动机水平。对于追求内在满足感的运动员，他们可以通过享受运动过程、挑战自我等方式来保持动机；而对于外在动机较强的运动员，他们可以设定具体的奖励和惩罚机制来激励自己。

此外，教练员在指导运动员时也应充分考虑他们的个性和需求。通过了解运动员的情绪和动机特点，教练员可以为他们制订更加个性化的训练计划和比赛策略，帮助他们更好地发挥潜力。

综上所述，情绪与运动动机之间存在着密切的相互作用关系。运动员和教练员应充分认识这种关系的重要性，并采取有效的措施来促进情绪与运动动机的良性循环。通过个性化的情绪与动机管理策略，运动员可以在训练和比赛中保持最佳状态，实现自己的运动目标。

第二节　心理状态对运动表现的影响

一、自信心在运动中的作用及培养

自信心作为个体对自身能力和价值的积极肯定，对于运动员在竞技场上的表现具有至关重要的作用。在运动中，自信心不仅能够帮助运动员应对挑战、克服困难，还能激发他们的潜能，提升竞技水平。因此，培养运动员的自信心是运动训练中的重要一环。

（一）自信心在运动中的作用

自信心在运动中的作用主要体现在以下几个方面：

首先，自信心能够激发运动员的潜能。当运动员对自己充满信心时，他们会更加勇敢地尝试新的技能和战术，从而不断拓展自己的运动能力。这种积极的心理状态有助于运动员在比赛中超常发挥，取得更好的成绩。

其次，自信心能够帮助运动员应对挑战和困难。在运动过程中，运动员难免会遇到各种挑战和困难，如技术瓶颈、体能极限等。拥有自信心的运动员能够坚定信念、保持冷静，积极寻找解决问题的办法，从而克服这些障碍。

最后，自信心还能提升运动员的竞技状态。自信心的存在能够让运动员在比赛中保持良好的心态，减少因紧张、焦虑等负面情绪对竞技状态的影响。同时，自信心也能增强运动员的斗志和毅力，使他们在比赛中始终保持高昂的斗志。

（二）培养自信心的途径与方法

要培养运动员的自信心，可以从以下几个方面入手：

首先，加强技术训练，提高运动员的运动能力。技术是运动的基础，运动员只有具备了扎实的技术基础，才能在比赛中游刃有余，从而增强自信心。因此，教练员应重视技术训练，通过科学的方法和手段，帮助运动员提高技术水平。

其次，设定合理的目标，引导运动员逐步实现。目标是激发自信心的重要因素。教练员应根据运动员的实际情况，设定合理的训练目标和比赛目标，并引导他们通过努力逐步实现这些目标。这样，运动员在取得成绩的过程中，会逐渐增强自信心。

再次，提供积极的反馈和鼓励，增强运动员的自我效能感。教练员应及时给予运动员正面的反馈和鼓励，肯定他们的努力和进步，让他们感受到自己的价值和能力。这种积极的反馈能够增强运动员的自我效能感，从而提升他们的自信心。

最后，引导运动员进行积极的自我暗示和心理调适。自我暗示是增强自信心的一种有效方法。教练员可以引导运动员在训练和比赛中进行积极的自我暗示，如"我能够完成这个任务""我有能力战胜对手"等。同时，还可以教授运动员一些心理调适的技巧，如深呼吸、放松训练等，帮助他们缓解紧张情绪，保持自信心态。

（三）自信心培养中的注意事项

在培养运动员自信心的过程中，还需要注意以下几点：

一是要避免过度自信。虽然自信是积极的心理状态，但过度自信可能导致运动员忽视自身的不足和对手的实力，从而在比赛中出现失误。因此，教练员要引导运动员保持谦虚谨慎的态度，客观评估自己的能力和对手的实力。

二是要关注运动员的个体差异。不同运动员的性格、经历和能力存在差异，因此培养他们的自信心时应采用个性化的方法。教练员要了解每个运动员的特点和需求，制订针对性的训练计划，帮助他们建立适合自己的自信心。

三是要保持持续性和稳定性。自信心的培养是一个长期的过程，需要教练员和运动员共同努力。教练员要在日常训练中持续关注运动员的自信心状况，及时发现问题并采取措施加以解决。同时，还要引导运动员在比赛中保持稳定的自信心水平，避免因情绪波动而影响表现。

（四）自信心培养的实践应用与案例分析

在实践中，许多成功的运动员都通过培养自信心取得了优异的成绩。例如，某著名篮球运动员在职业生涯初期曾面临技术瓶颈和比赛压力，但通过加强技术训练、设定合理目标以及积极调整心态等方法，逐渐培养起了强大的自信心。在后来的比赛中，他能够从容应对各种挑战，发挥出自己的最佳水平，最终成了篮球界的佼佼者。

这些案例表明，培养自信心对于运动员的成长和成功具有重要意义。通过科学的方法和手段培养自信心，不仅能够帮助运动员应对当前的挑战和困难，还能为他们的长远发展奠定坚实的基础。

综上所述，自信心在运动中具有重要的作用。通过加强技术训练、设定合理目标、提供积极反馈和鼓励以及引导运动员进行积极的自我暗示和心理调适等方法，可以有效地培养运动员的自信心。在培养过程中，还需注意避免过度自信、关注个体差异以及保持持续性和稳定性。通过实践应用和案例分析，我们可以看到自信心培养对于运动员的成长和成功具有积极的促进作用。

二、焦虑情绪对运动表现的负面影响

焦虑情绪是一种常见的心理状态，它通常表现为紧张、担忧和恐惧等情感反应。在运动中，焦虑情绪可能会对运动员的表现产生负面影响，阻碍其发挥最佳水平。因此，了解焦虑情绪对运动表现的负面影响，对运动员和教练员来说具有重要意义。

（一）焦虑情绪对运动员生理机能的干扰

焦虑情绪首先会对运动员的生理机能产生干扰。当运动员处于焦虑状态时，他们的呼吸和心率往往会加快，血压也可能升高。这种生理反应会导致运动员的身体处于紧张状态，影响他们的肌肉放松和协调性。在运动中，肌肉紧张和协调性下降可能会导致动作变形、反应迟钝等问题，从而严重影响运动员的表现。

此外，焦虑情绪还可能影响运动员的睡眠质量，导致他们在比赛前夜难以入睡或睡眠不足。这进一步加剧了运动员的身体疲劳，降低了他们的运动能力。

（二）焦虑情绪对运动员注意力分配的干扰

焦虑情绪还会对运动员的注意力分配产生干扰。在运动中，运动员需要集中注意力于比赛的关键环节，以便做出正确的判断和决策。然而，焦虑情绪往往会使运动员的注意力分散，他们可能会过度关注比赛结果、对手表现等外部因素，而忽视了对自身技术和战术的专注。这种注意力分配的不合理会导致运动员在关键时刻出现失误，影响其比赛表现。

（三）焦虑情绪对运动员决策能力的影响

焦虑情绪同样会对运动员的决策能力产生负面影响。在比赛中，运动员需要根据场上形势迅速做出决策。然而，当运动员处于焦虑状态时，他们的思维可能会变得混乱，难以清晰地分析比赛形势和制定有效的战术。这可能导致运动员在关键时刻做出错误的决策，从而影响比赛结果。

此外，焦虑情绪还可能使运动员在比赛中过于保守或过于冒险。过于保守的运动员可能会错失进攻机会，而过于冒险的运动员则可能因为冒险行为而犯错。这两种情况都会对运动员的表现产生不利影响。

（四）焦虑情绪对运动员自信心和斗志的削弱

焦虑情绪还会对运动员的自信心和斗志产生削弱作用。自信心是运动员在比赛中发挥出色表现的重要因素之一。然而，焦虑情绪往往会使运动员对自己的能力和表现产生怀疑，从而降低他们的自信心。缺乏自信心的运动员在比赛中更容易出现紧张、失误等问题，进一步影响他们的表现。

同时，焦虑情绪也可能削弱运动员的斗志。斗志是运动员在比赛中保持高昂精神状态的重要因素。但是，当运动员感到焦虑时，他们可能会失去对胜利的渴望和追求，变得消极被动。这种消极的心态会进一步降低运动员的表现水平，使其难以在比赛中取得好成绩。

综上所述，焦虑情绪对运动表现的负面影响是多方面的。它不仅会干扰运动员的生理机能和注意力分配，还会影响他们的决策能力、自信心和斗志。因此，运动员和教练员都应该重视焦虑情绪的管理和调节，通过有效的心理训练和放松技巧来减轻焦虑情绪对运动表现的影响。只有这样，运动员才能在比赛中保持最佳状态，发挥出自己的最佳水平。

三、积极心理干预在运动训练中的实践

在运动训练中，积极心理干预作为一种有效的手段，旨在通过提升运动员的积极情绪、自信心和动机水平，从而优化他们的竞技表现。下面将从四个方面详细阐述积极心理干预在运动训练中的实践应用。

（一）积极心理干预的核心理念与目标

积极心理干预的核心理念在于激发运动员的内在潜能，帮助他们建立积极的自我认知和情感态度，以应对训练和比赛中的挑战。其目标主要包括提升运动员的自信心、增强他们的抗挫能力、优化情绪管理，以及促进运动员的全面发展。

在实践中，积极心理干预注重培养运动员的积极情绪体验，如乐观、希望、满足等，这些情绪有助于运动员在面对困难时保持冷静和自信。同时，通过设定明确的目标和期望，积极心理干预激发运动员的动机水平，使他们更加投入地参与到训练过程中。

（二）积极心理干预的具体方法与策略

在运动训练中，积极心理干预可以采用多种方法与策略。首先，认知重构是一种有效的方法，通过引导运动员重新审视自己的能力和价值，帮助他们建立积极的自我认知。其次，情绪调节训练也是关键的一环，通过教授运动员有效的情绪管理技巧，如深呼吸、放松训练等，帮助他们在面对压力时保持情绪稳定。

最后，目标设定与动机激发也是积极心理干预的重要组成部分。通过设定具体、可衡量的目标，运动员能够清晰地了解自己的训练方向和期望成果，从而增强训练的针对性和有效性。同时，通过激发运动员的内在动机，如兴趣、成就感等，可以提高他们的训练积极性和参与度。

（三）积极心理干预在运动训练中的具体应用案例

在实际应用中，积极心理干预已经取得了显著的成效。以某田径队为例，教练团队在训练中引入了积极心理干预策略。他们通过组织团队建设活动，增强运动员之间的凝聚力和信任感；同时，针对个别运动员的自信心不足问题，教练采用了认知重构和情绪调节训练等方法，帮助他们逐步建立自信，提升竞技表现。

另一个案例是某篮球队在面对关键比赛时的积极心理干预实践。教练团队在比赛前为运动员进行了专门的心理辅导，通过目标设定和动机激发等方法，提升运动员的比赛信心和斗志。在比赛中，运动员们展现出了更加积极的心态和更高的竞技水平，最终取得了优异的成绩。

（四）积极心理干预的效果评估与持续改进

对于积极心理干预的效果评估，可以采用多种方式进行。首先，可以通过运动员的自我报告来了解他们的心理状态变化，如自信心、情绪稳定性等方面的提升。其次，可以通过客观指标来评估干预效果，如运动成绩、训练质量等。最后，教练和队友的观察与反馈也是评估干预效果的重要依据。

在持续改进方面，教练团队应根据评估结果对干预策略进行调整和优化。例如，对于某些干预方法效果不佳的情况，可以尝试采用其他更有效的方法；同时，也可以根据运动员的个性特点和需求，制定个性化的干预方案。此外，教练团队还应不断学习和掌握新的积极心理干预理论和方法，以适应不断变化的运动训练需求。

综上所述，积极心理干预在运动训练中具有重要的应用价值。通过采用有效的干预方法和策略，可以激发运动员的内在潜能，提升他们的自信心和竞技表现。同时，通过科学的评估与持续改进机制，可以确保干预效果的持续性和有效性。未来，随着积极心理学研究的深入和发展，相信积极心理干预将在运动训练中发挥更加重要的作用。

第三节 运动学习与整体观的关联

一、运动技能形成的整体过程

运动技能的形成是一个复杂而系统的过程，它涉及多个阶段，需要运动员通过不断的学习、实践和反思，逐步掌握和提高自己的运动能力。下面将从四个阶段详细阐述运动技能形成的整体过程。

（一）认知与定向阶段

在运动技能形成的初期，运动员首先需要通过观察、学习和理解运动技能的基本知识和要领。这一阶段主要依赖于运动员的认知能力，包括注意力、记忆力和理解能力等。运动员需要仔细观察教练的示范动作，理解动作的结构、顺序和要点，并在大脑中形成清晰的动作表象。

同时，运动员还需要明确自己的学习目标，确定技能学习的方向和重点。通过设定明确的目标，运动员能够更有针对性地进行学习和训练，提高学习效率。

在认知与定向阶段，运动员还需要注意培养自己的学习兴趣和动力，保持对技能学习的积极态度和热情。只有具备足够的学习兴趣和动力，运动员才能够持续地进行学习和训练，不断提高自己的运动技能水平。

（二）模仿与练习阶段

在认知与定向阶段的基础上，运动员进入模仿与练习阶段。这一阶段主要是通过模仿教练的示范动作，反复进行练习，以形成正确的动作定型。

在模仿过程中，运动员需要注意动作的细节和要领，尽可能地还原教练的示范动作。通过不断的模仿和练习，运动员能够逐渐掌握动作的基本结构和节奏，形成初步的动作技能。

此外，运动员还需要注意练习的频率和强度。适当的练习频率和强度能够帮助运动员巩固和提高技能水平，但过度的练习可能会导致运动员的身体疲劳和受伤。因此，运动员需要根据自己的实际情况和教练的建议，合理安排练习计划。

（三）协调与完善阶段

在模仿与练习阶段的基础上，运动员逐渐进入协调与完善阶段。这一阶段主要是通过加强动作的协调性和连贯性，进一步提高技能水平。

在协调与完善阶段，运动员需要注重动作之间的衔接和转换，使动作更加流畅和自然。通过反复练习和调整，运动员能够逐渐消除动作中的多余和僵硬部分，使动作更加精练和高效。

此外，运动员还需要注意技能的细节和技巧。通过不断挖掘和掌握技能的细节和技巧，运动员能够进一步提高自己的技能水平和竞技能力。

在这一阶段，运动员还需要加强与其他运动员的交流和合作，通过相互学习和借鉴，不断提高自己的技能水平和竞技能力。同时，教练员的指导和反馈也是至关重要的，他们能够帮助运动员发现不足，提出改进意见，促进技能的完善和提高。

（四）自动化与创造阶段

经过前面的学习和练习，运动员的技能逐渐进入自动化与创造阶段。在这一阶段，运动员的技能已经达到较高的水平，能够自如地应对各种比赛场景。

自动化意味着运动员在执行技能时不再需要过多的意识控制，而是能够自然而然地完成动作。这种自动化不仅提高了运动员的执行效率，还使他们在面对复杂多变的比赛环境时能够迅速做出反应。

创造阶段则是运动员在技能掌握的基础上，通过创新和尝试，形成自己独特的技能风格和战术体系。这一阶段需要运动员具备较高的创新意识和能力，能够不断挑战自我、突破传统，创造新的技能表现。

在自动化与创造阶段，运动员还需要注意保持技能的稳定性和持久性。通过持续的练习和反思，运动员能够不断巩固和提高自己的技能水平，保持竞技状态的稳定和持久。

同时，运动员还需要关注新技术和新方法的发展，不断学习和掌握新的技能知识和技巧，以适应不断变化的竞技环境。

综上所述，运动技能的形成是一个循序渐进、逐步提高的过程。从认知与定向阶段开始，通过模仿与练习、协调与完善以及自动化与创造等阶段的不断学习和实践，运动员能够逐步掌握和提高自己的运动技能水平。在每个阶段中，运动员都需要保持积极的学习态度和热情，不断挑战自我，追求更高的竞技目标。同时，教练员的指导和反馈也是至关重要的，他们能够帮助运动员发现不足、提高技能水平。

二、整体观在运动学习策略中的应用

整体观作为一种全面、系统的思维方式，强调将事物作为一个整体来理解和处理，注重各要素之间的相互联系和相互影响。在运动学习策略中，整体观的应用同样具有重要意义。通过整体观来指导运动学习，有助于运动员更加全面、深入地掌握运动技能，提高运动表现。下面将从四个方面详细阐述整体观在运动学习策略中的应用。

（一）全面分析运动技能结构

整体观强调对事物的全面把握，因此在运动学习策略中，需要全面分析运动技能的结构。这包括了解技能的基本要素、动作顺序、技术要点以及技能之间的内在联系等。通过对技能结构的全面分析，运动员能够清晰地认识到技能的整体性和系统性，从而有针对性地制订学习计划。

在具体实践中，运动员可以通过观察教练的示范动作、查阅相关资料或参加技能讲座等方式，获取关于技能结构的全面信息。同时，他们还可以结合自身的实际情况，对技能结构进行个性化的理解和分析，以便更好地掌握技能。

（二）注重技能之间的内在联系

整体观认为事物之间是相互联系、相互影响的。在运动学习中，技能之间同样存在着紧密的内在联系。因此，运动员在学习新技能时，应注重与已掌握技能之间的联系，通过对比、分析等方法，找出它们之间的共性和差异，从而加深对技能的理解和掌握。

例如，在学习篮球运球技能时，运动员可以将其与已掌握的传球、投篮等技能进行对比分析，找出它们在手部动作、身体协调等方面的相似之处和不同之处。通过这种方式，运动员不仅能够更好地掌握运球技能，还能够将新技能与已有技能进行有机融合，提高技能的整体水平。

（三）系统安排学习计划

整体观强调对事物的系统性把握。在运动学习策略中，运动员应根据技能结构的整体性和内在联系，系统安排学习计划。这包括确定学习目标、制定学习步骤、合理安排学习时间等。通过系统安排学习计划，运动员能够有条不紊地进行学习，逐步掌握和提高技能水平。

在制订学习计划时，运动员应充分考虑自身的实际情况和教练的建议，确保计划的可行性和有效性。同时，他们还应根据学习进度和反馈情况，及时调整学习计划，确保学习的顺利进行。

（四）综合运用多种学习方法

整体观注重多要素的综合运用。在运动学习策略中，运动员应综合运用多种学习方法，以提高学习效果。这包括观察学习、模仿练习、反馈调整、反思总结等。通过观察学习和模仿练习，运动员能够直观地了解技能的结构和要点；通过反馈调整和反思总结，运动员能够及时发现和纠正学习中的错误和不足，进一步提高技能水平。

在具体实践中，运动员应根据不同的学习阶段和需要，灵活选择和使用不同的学习方法。例如，在初学阶段，他们可以通过观察学习和模仿练习来掌握技能的基本结构和动作要点；在熟练阶段，他们可以通过反馈调整和反思总结来进一步优化技能表现。

此外，运动员还应注重与其他运动员和教练员的交流与合作。通过与他人交流学习心得和经验，运动员能够拓宽学习视野，获取更多的学习资源和支持；通过与教练员的沟通反馈，运动员能够得到更专业的指导和建议，从而更快地提高技能水平。

综上所述，整体观在运动学习策略中的应用具有重要意义。通过全面分析运动技能结构、注重技能之间的内在联系、系统安排学习计划以及综合运用多种学习方法等方式，运动员能够更加全面、深入地掌握运动技能，提高运动表现。在未来的运动学习中，运动员应更加注重整体观的应用，不断提高自己的学习策略水平和技能水平。

三、运动学习中的整体认知与感知

在运动学习中，整体认知与感知是构成技能掌握与提升的核心要素。它们不仅影响着运动员对运动技能的理解和把握，更直接关系到运动员在实际运动中的表现。下面将从四个方面详细阐述运动学习中的整体认知与感知。

（一）整体认知在运动学习中的作用

整体认知是指运动员在运动学习过程中，对技能结构、动作要领以及运动环境等要素进行全面、系统的理解和把握。通过整体认知，运动员能够建立起对技能的宏观认识，为后续的感知和练习打下坚实基础。

在运动学习中，整体认知的作用主要体现在以下几个方面：首先，它有助于运动员明确学习目标和方向，避免在学习过程中迷失方向；其次，整体认知能够帮助运动员更好地理解和把握技能的结构和要点，提高学习效率；最后，通过整体认知，运动员能够建立起对技能的全面理解，为后续的感知和练习提供有力的支撑。

（二）感知训练在运动技能学习中的应用

感知训练是运动学习中不可或缺的一环。通过感知训练，运动员能够提升自己的感知能力，更好地把握运动中的细微变化，从而做出准确的判断和反应。

在感知训练中，运动员需要注重以下几个方面：首先，要加强对运动环境中各种信息的收集和分析能力，如对手的动作、场地的变化等；其次，要提高对自身状态的感知能力，如身体姿势、肌肉状态等；最后，还要加强对技能执行过程中的感知能力，如动作的节奏、力度等。

通过感知训练，运动员能够提升自己的感知敏锐度和准确性，为运动技能的掌握和提升提供有力保障。

（三）整体认知与感知的相互促进

在运动学习中，整体认知与感知是相互促进的关系。一方面，整体认知为感知提供了宏观的指导和支撑，使运动员能够更加明确感知的目标和方向；另一方面，感知训练又能够进一步丰富和完善整体认知的内容，使运动员对技能的理解更加深入和全面。

这种相互促进的关系在运动学习中发挥着重要作用。通过整体认知与感知的相互作用，运动员能够建立起对技能的全面、深入的理解，为后续的练习和比赛提供有力的支持。

（四）提高整体认知与感知能力的策略

提高整体认知与感知能力对于运动学习至关重要。以下是一些有效的策略：

首先，注重理论学习与实践相结合。运动员应通过阅读相关书籍、参加讲座等方式，不断加深对运动技能和运动原理的理解；同时，要在实践中不断尝试和验证理论知识，形成理论与实践的良性循环。

其次，加强多感官训练。运动员可以通过视觉、听觉、触觉等多种感官来感知运动环境和自身状态，从而提高感知的准确性和敏锐度。例如，在篮球训练中，运动员可以通过观察对手的动作和眼神、听球拍地的声音等方式来感知对手的动态。

再次，进行模拟训练和比赛也是提高整体认知与感知能力的有效途径。通过模拟训练和比赛，运动员能够在接近真实的环境中锻炼自己的感知和判断能力，为实际比赛做好准备。

最后，运动员还应注重自我反思和总结。在每次训练和比赛后，运动员都应对自己的表现进行客观的分析和评价，找出存在的问题和不足，并制订针对性的改进计划。通过不断的反思和总结，运动员能够不断完善自己的整体认知与感知能力。

综上所述，运动学习中的整体认知与感知是相互促进、相互影响的。通过提高整体认知与感知能力，运动员能够更好地理解和掌握运动技能，提高运动表现水平。因此，在运动学习过程中，运动员应注重培养自己的整体认知与感知能力，为成为一名优秀的运动员奠定坚实基础。

第四节 注意力与运动协调的整体观分析

一、注意力分配在运动中的关键作用

注意力分配在运动中具有至关重要的作用，它直接关系到运动员的技能掌握、战术运用以及比赛表现。在运动过程中，运动员需要根据不同的任务和环境，灵活调整自己的注意力分配，以确保最佳的运动表现。下面将从四个方面详细阐述注意力分配在运动中的关键作用。

（一）注意力分配与技能掌握

在运动学习中，技能掌握是运动员的基本功。而技能掌握得好坏，往往取决于运动员能否有效地分配自己的注意力。在技能练习过程中，运动员需要将注意力集中在关键的动作要素和技巧上，以便更好地掌握技能的要领。同时，他们还需要注意身体的协调和平衡，以及呼吸和节奏的配合。通过合理的注意力分配，运动员能够更快地掌握技能，提高运动表现。

此外，对于复杂的运动技能，运动员还需要具备多任务处理能力。他们需要在执行技能的同时，关注周围环境的变化，如对手的动作、场地的状况等。这就要求运动员能够在不同的任务之间灵活切换注意力，以确保技能的有效执行。

（二）注意力分配与战术运用

在比赛中，战术运用是运动员取得胜利的重要手段。而战术运用的成功与否，很大程度上取决于运动员能否根据比赛情况合理分配注意力。在比赛中，运动员需要密切关注对手的动态和意图，以便及时调整自己的战术策略。同时，他们还需要注意队友的位置和状态，以便更好地协作配合。

在关键时刻，运动员更需要集中注意力，准确判断比赛形势，采取正确的战术行动。例如，在篮球比赛的最后一刻，运动员需要全神贯注地盯防对手的投篮动作，同时准备抢断或盖帽。通过合理的注意力分配，运动员能够更好地运用战术，提高比赛胜率。

（三）注意力分配与应对压力

在运动中，运动员常常面临着巨大的压力，如比赛压力、训练压力等。这些压力会对运动员的注意力产生干扰，影响他们的运动表现。因此，学会在压力下合理分配注意力，对运动员来说至关重要。

在面对压力时，运动员需要保持冷静和专注，将注意力集中在当前的任务上，避免被外界干扰所影响。同时，他们还需要学会调整自己的心态和情绪，以减轻压力对注意力的负面影响。通过有效的注意力分配，运动员能够更好地应对压力，保持稳定的运动表现。

（四）注意力分配与运动表现优化

优化运动表现是运动员追求的目标之一。而注意力分配的优化是实现这一目标的关键途径。通过合理分配注意力，运动员能够更好地掌握技能、运用战术、应对压力，从而提高运动表现。

在训练中，教练可以通过设计专门的注意力训练任务，帮助运动员提高注意力分配能力。例如，可以设置多任务处理练习，要求运动员在同时执行多个任务时保持高效的注意力分配。此外，还可以通过模拟比赛场景，让运动员在接近真实的环境中锻炼注意力分配能力。

同时，运动员自身也需要不断反思和总结自己在注意力分配方面的不足，并制订针对性的改进计划。通过持续的练习和调整，运动员能够逐渐优化自己的注意力分配方式，提高运动表现水平。

综上所述，注意力分配在运动中具有至关重要的作用。通过合理的注意力分配，运动员能够更好地掌握技能、运用战术、应对压力，优化运动表现。因此，在运动中，运动员应重视注意力分配的训练和应用，不断提高自己的注意力分配能力。这将有助于他们在比赛中取得更好的成绩，实现个人和团队的目标。

二、注意力训练对运动协调的提升

在运动中，协调性是衡量运动员技能水平的重要标准之一。良好的协调性不仅有助于运动员更流畅地执行动作，还能减少运动损伤的风险。而注意力训练作为提升运动协调性的有效途径，正受到越来越多教练和运动员的重视。以下将详细阐述注意力训练对运动协调的提升作用。

（一）注意力训练与运动协调的关联

注意力训练与运动协调之间存在紧密的关联。首先，注意力是协调动作的基础。在执行复杂动作时，运动员需要将注意力集中在关键的身体部位和动作环节上，以确保各个部分之间的协同作用。通过训练提高注意力水平，运动员能够更精准地感知身体各部位的运动状态，从而做出更协调的动作。

其次，注意力训练有助于提升运动员对运动信息的处理能力。在运动中，运动员需要快速捕捉和分析来自环境、对手以及自身的多种信息，以便做出及时准确的反应。通过注意力训练，运动员能够增强对信息的筛选和整合能力，提高在复杂情境下的运动协调性。

最后，注意力训练还有助于培养运动员的专注力和抗干扰能力。在比赛中，运动员常常面临来自外界的各种干扰。通过训练提高注意力集中度和稳定性，运动员能够更好地抵御干扰，保持对比赛的专注和协调。

（二）注意力训练方法在运动协调中的应用

注意力训练方法多种多样，可以根据不同的运动项目和运动员需求进行选择和调整。下面是一些常见的注意力训练方法及其在运动协调中的应用。

1. 单任务注意力训练

单任务注意力训练是指让运动员在一段时间内专注于一个特定的任务或动作。例如，在篮球训练中，可以让运动员反复练习投篮动作，要求他们在每次投篮时都全神贯注地关注动作细节和力度控制。通过反复练习和专注训练，运动员能够逐渐提高对特定动作的协调性和准确性。

2. 多任务注意力训练

多任务注意力训练旨在培养运动员在同时处理多个任务时的协调能力。在训练中,可以设置一些需要同时关注多个方面的任务,如边跑步边数数、边做动作边听指令等。通过多任务训练,运动员能够学会在不同任务之间合理分配注意力,提高在复杂情境下的运动协调性。

3. 反应速度训练

反应速度训练是通过快速响应外部刺激来提高运动员的注意力和协调性。在训练中,可以使用信号灯、响铃等器材发出突然的刺激,要求运动员在极短的时间内做出反应。这种训练方式不仅有助于提高运动员的反应速度,还能增强他们在紧急情况下的协调性和应变能力。

(三)注意力训练对运动协调提升的实际效果

注意力训练对运动协调的提升具有显著的实际效果。通过系统的注意力训练,运动员能够更好地掌握和运用运动技能,提高动作的准确性和流畅性。同时,他们的反应速度和应变能力也会得到显著提升,能够在比赛中更快地做出判断和决策。

此外,注意力训练还有助于减少运动员在比赛中的失误和受伤风险。由于注意力水平的提高,运动员能够更全面地感知身体和环境的变化,及时发现并纠正潜在的问题。这不仅有助于提高比赛成绩,还能保障运动员的身体健康和长期发展。

需要注意的是,注意力训练并非一蹴而就的过程,需要运动员长期坚持和不断努力。同时,教练也应根据运动员的实际情况和需求,制订个性化的训练计划,确保训练效果的最大化。

综上所述,注意力训练对运动协调的提升具有重要作用。通过选择合适的训练方法并坚持训练,运动员能够提高自己的注意力水平和协调性,从而在比赛中取得更好的成绩。因此,在未来的运动训练中,应更加重视注意力训练的应用和推广,为运动员的全面发展提供有力支持。

三、注意力与运动表现的整体优化

注意力是运动表现中不可或缺的一环,它对于运动员的技能执行、战术运用、心理调节等方面都起着至关重要的作用。优化注意力,不仅可以提升运动员在比赛中的竞技水平,还能够增强他们的心理韧性和自信心。下面将从四个方面详细阐述注意力与运动表现的整体优化。

(一)提升专注力,强化技能执行

在运动训练中,提升运动员的专注力是优化注意力的首要任务。专注力是指运动员在执行任务时,能够集中精力、排除干扰,全身心地投入到当前动作中的能力。通过训练提高专注力,运动员可以更加精确地感知身体各部位的运动状态,更准确地执行动作要领,从而提高技能水平。

为了提升专注力,运动员可以采用一些具体的训练方法,如使用视觉或听觉提示来引导注意力,或者通过冥想和呼吸练习来增强内心的平静和专注。此外,教练还可以通过设计有针对性的训练任务,如让运动员在嘈杂环境中进行技能训练,以帮助他们适应比赛时的各种干扰因素。

(二)增强注意力分配能力,优化战术运用

在比赛中,运动员需要根据场上形势的变化,灵活调整自己的注意力分配。优秀的运动员能够在关键时刻迅速将注意力转移到最重要的任务上,从而做出正确的战术决策。因此,增强注意力分配能力是优化运动表现的关键之一。

为了提高注意力分配能力,运动员需要进行多任务处理训练。这包括在训练中模拟比赛场景,让运动员同时处理多个任务,如观察对手动作、判断场上形势、与队友沟通协作等。通过不断练习,运动员可以逐渐适应多任务处理的要求,提高在比赛中的应对能力。

此外,教练还可以根据运动员的特点和比赛需求,制定个性化的注意力分配方案。例如,针对某些需要快速反应的运动员,可以加强他们的反应速度训练;对于需要长时间保持高度集中的运动员,则可以加强他们的耐力训练。

（三）调节心理状态，减轻压力干扰

在比赛中，运动员的心理状态对注意力的影响不容忽视。紧张、焦虑等负面情绪会干扰运动员的注意力，导致他们无法专注于比赛本身。因此，调节心理状态、减轻压力干扰是优化注意力的重要环节。

为了调节心理状态，运动员可以采用一些心理训练技巧，如放松训练、认知重构等。这些技巧可以帮助运动员缓解紧张情绪、增强自信心，从而保持注意力的稳定和集中。此外，运动员还可以通过与教练、队友或心理咨询师进行交流，分享自己的感受和困惑，寻求支持和帮助。

在比赛前和比赛中，教练和团队也应为运动员创造一个良好的心理环境。通过鼓励、支持和信任，帮助运动员建立积极的心理暗示和自信心，减轻他们的心理负担和压力。

（四）综合训练，实现注意力与运动表现的全面提升

优化注意力并非一蹴而就的过程，它需要运动员在日常训练中不断积累、逐步提高。为了实现注意力与运动表现的全面提升，运动员应进行综合训练，将注意力训练与其他训练内容相结合。

在综合训练中，运动员可以通过结合技术训练、体能训练和心理训练等多个方面，全面提升自己的竞技水平。例如，在技术训练中，运动员可以加入专注力训练元素，如通过模拟比赛场景进行技能练习；在体能训练中，可以增加一些需要长时间保持注意力的训练任务；在心理训练中，可以注重培养运动员的自信心和抗压能力。

此外，运动员还应注重个人发展计划的制订和执行。根据个人特点和需求，制订有针对性的训练计划，并严格按照计划进行训练。同时，运动员还应保持积极的心态和耐心，不断调整和优化自己的训练方法，以实现注意力与运动表现的全面提升。

综上所述，优化注意力对于提升运动表现具有重要意义。通过提升专注力、增强注意力分配能力、调节心理状态以及进行综合训练等方法，运动员可以逐渐提高自己的注意力水平，从而在比赛中发挥出更好的竞技水平。在未来的

运动训练中，应更加重视注意力的培养和优化，为运动员的全面发展提供有力支持。

第五节 精神因素对整体运动的调控

一、意志品质在运动中的体现及培养

意志品质是指个体在面对困难、挑战和压力时所表现出的坚定性、决断力、自控力及持久性等心理特征。在运动中，意志品质的重要性不言而喻，它不仅是运动员取得优异成绩的关键因素，更是他们在长期训练和比赛中保持积极心态和稳定表现的重要支撑。以下将从五个方面详细阐述意志品质在运动中的体现及培养。

（一）意志品质的体现

坚定性：运动员在面临困难和挑战时，能够保持对目标的坚定信念和执着追求。他们不因一时的失败或困境而动摇，始终坚信自己能够克服困难，取得胜利。

决断力：在比赛中，运动员需要迅速分析形势，做出正确的决策。这种决断力不仅体现在战术选择上，还体现在对比赛节奏的把控和关键时刻的应对上。优秀的运动员能够在紧张激烈的比赛中保持冷静，果断地做出有利于自己的决策。

自控力：运动员在训练和比赛中需要保持良好的自我控制能力。他们能够有效地调节自己的情绪和心态，避免因外界干扰或自身情绪波动而影响表现。同时，他们还能够合理安排自己的训练和休息时间，确保身体和心理状态处于最佳状态。

持久性：运动训练往往是一个漫长而艰苦的过程，需要运动员具备持久的毅力和耐力。他们能够在长时间的训练中保持高度的专注和投入，不断突破自己的极限，提升自己的竞技水平。

（二）意志品质的培养途径

设定明确目标：为运动员设定明确、具体的训练目标和比赛目标，有助于激发他们的积极性和斗志。同时，目标的设定也有助于运动员在训练和比赛中保持专注和坚定性，从而更好地发挥自己的潜力。

制订合理计划：根据运动员的实际情况和训练需求，制订科学、合理的训练计划。通过逐步增加训练难度和强度，让运动员在挑战中不断提升自己的意志品质。此外，训练计划的执行过程中，应注重运动员的个体差异，因材施教，确保训练效果的最大化。

营造良好氛围：在训练和比赛中，为运动员营造一个积极向上、互相支持的氛围。教练和队友的鼓励和支持能够帮助运动员在困难时刻保持信心，激发他们的斗志。同时，良好的团队氛围也有助于培养运动员的团队协作精神和集体荣誉感。

加强心理辅导：针对运动员在训练和比赛中可能出现的心理问题，如焦虑、紧张等，进行及时的心理疏导和辅导。通过专业的心理辅导，帮助运动员调整心态，增强自信心，提高应对压力和挑战的能力。

引入竞争机制：在训练和比赛中引入适当的竞争机制，激发运动员的斗志和求胜欲。通过比赛和对抗，让运动员在实战中锻炼自己的意志品质，提高应对各种挑战的能力。同时，竞争机制也有助于运动员更好地认识自己的优势和不足，为今后的训练和比赛提供有益的借鉴。

（三）意志品质培养中的注意事项

尊重个体差异：在培养意志品质的过程中，应充分尊重运动员的个体差异。不同运动员在性格、能力和需求等方面存在差异，因此在培养方法上应因材施教，避免一刀切。

注重过程而非结果：在培养意志品质时，应关注运动员在过程中的努力和成长，而非仅仅关注结果。通过肯定运动员在训练中的进步和付出，激发他们的积极性和自信心。

平衡训练与休息：虽然意志品质的培养需要经历一定的挑战和压力，但过度的训练也可能导致运动员身心疲惫，影响意志品质的发挥。因此，在培养过程中应合理安排训练和休息时间，确保运动员能够保持良好的身心状态。

持之以恒：意志品质的培养是一个长期的过程，需要运动员和教练共同努力，持之以恒。通过长期的训练和磨炼，运动员的意志品质将得到不断提升和完善。

（四）意志品质在运动中的实际应用

在实际运动中，意志品质的应用无处不在。例如，在长跑项目中，运动员需要忍受长时间的疲劳和身体的极限挑战，这时坚定的信念和持久的毅力就显得尤为重要。又如，在篮球比赛中，当比赛进入关键时刻，运动员需要迅速做出决策并果断执行，这时决断力和自控力就显得尤为关键。此外，在团体项目中，运动员还需要具备团结协作的精神和集体荣誉感，这也是意志品质的一种体现。

（五）总结与展望

综上所述，意志品质在运动中扮演着举足轻重的角色。它不仅影响着运动员的训练效果和比赛成绩，更是他们在面临挑战和困难时保持坚定信念和积极心态的重要支撑。因此，我们应该重视运动员意志品质的培养和提升，通过设定明确目标、制订合理计划、营造良好氛围、加强心理辅导以及引入竞争机制等多种途径来帮助他们不断提升自己的意志品质。

展望未来，随着运动训练和竞技水平的不断提升，对运动员意志品质的要求也将越来越高。因此，我们需要不断探索和研究更加科学、有效的意志品质培养方法，为运动员的全面发展提供有力保障。同时，我们也应该注重运动员在意志品质培养过程中的个体差异和需求，为他们提供更加个性化、精准化的指导和支持。

总之，意志品质的培养和提升是运动员成长和发展过程中不可或缺的一环。通过不断地努力和探索，我们相信一定能够培养出更多具有坚定信念、顽强毅力和坚强意志的优秀运动员。

二、动机激发与运动目标的设定

在运动领域，动机的激发和目标的设定对于运动员的表现和成就至关重要。动机是推动个体行动的内部力量，而目标则是行动的具体方向和期望结果。通过有效地激发动机和设定合理的目标，运动员能够保持高昂的斗志，持续努力，最终取得优异的成绩。

（一）动机的激发与运动表现

动机是驱动运动员进行训练和比赛的关键因素。它来源于个体内部的需要和外部的诱因，通过满足运动员的需求和激发其兴趣，可以有效地提升他们的运动表现。

首先，了解运动员的内在需求是激发动机的基础。运动员在追求成功的过程中，往往有着对成就感的渴望、对自我实现的追求以及对社交归属的需求。教练应该深入了解运动员的个性特点和心理需求，以便能够有针对性地激发他们的动机。

其次，创造积极的训练环境和氛围也是激发动机的重要手段。一个充满活力和竞争性的训练环境能够激发运动员的斗志和求胜欲。教练可以通过设置有趣的训练任务、组织团队竞赛、引入奖惩机制等方式，营造积极向上的训练氛围，使运动员在训练中感受到挑战和乐趣。

最后，给予运动员充分的反馈和认可也是激发动机的有效途径。及时的反馈可以帮助运动员了解自己的表现，发现不足并寻求改进。而认可则是对运动员努力和成就的肯定，能够增强他们的自信心和动力。教练应该关注运动员的进步和付出，及时给予正面的反馈和认可，激发他们的积极性和自信心。

（二）运动目标的设定与实现

目标是运动员在训练和比赛中追求的具体成果。合理的目标设定可以帮助运动员明确方向、规划行动，并激发他们为实现目标而努力的动力。

首先，目标的设定应该具有明确性和具体性。一个明确的目标能够为运动员提供清晰的指导，使他们能够有针对性地制订训练计划和行动方案。同时，具体化的目标也更容易衡量和评估，使运动员能够及时了解自己的进度和成果。

其次，目标的设定应该符合运动员的实际能力和条件。过高的目标可能会让运动员感到压力和挫败感，而过低的目标则可能缺乏挑战性，无法激发运动员的潜力。因此，教练应该根据运动员的实际情况，制定既具有挑战性又切实可行的目标，以激发他们的积极性和创造力。

最后，目标的设定还应该具有层次性和阶段性。长期目标可以为运动员提供总体的方向和动力，而短期目标则能够帮助他们分步骤地实现长期目标。通过将长期目标分解为一系列短期目标，运动员可以在不断实现短期目标的过程中积累经验和信心，为最终实现长期目标打下坚实的基础。

在实现目标的过程中，运动员还需要具备坚韧不拔的毅力和自我管理能力。毅力能够帮助他们面对困难和挫折时保持坚定信念和决心；而自我管理能力则能够让他们更好地掌控自己的训练进度和状态，确保目标的实现。教练应该注重培养运动员的毅力和自我管理能力，帮助他们更好地应对挑战和实现目标。

（三）动机激发与目标设定的互动关系

动机激发与运动目标的设定之间存在着密切的互动关系。一方面，动机的激发可以促进运动员更加积极地设定和实现目标；另一方面，合理的目标设定也可以进一步激发运动员的动机和动力。

当运动员受到有效的动机激发时，他们会更愿意主动地去设定和追求目标。这是因为强烈的动机能够使他们明确自己的需求和期望，从而更有针对性地制定目标。同时，动机的激发也能够增强运动员的自信心和决心，使他们在面对困难和挑战时更加坚定地追求目标。

反过来，合理的目标设定也可以进一步激发运动员的动机。一个明确、具体且符合实际的目标能够为运动员提供清晰的方向和指引，使他们更加明确自己的行动计划和步骤。同时，通过不断实现短期目标并逐步接近长期目标，运动员能够体验到成功的喜悦和成就感，从而进一步增强他们的动机和动力。

因此，教练在指导运动员时应该注重动机激发与目标设定的结合。通过深入了解运动员的内在需求和个性特点，创造积极的训练环境和氛围，以及给予充分的反馈和认可等方式来激发他们的动机；同时，根据运动员的实际能力和条件来制定明确、具体且具有挑战性的目标，以帮助他们更好地规划行动和实现成功。

综上所述，动机激发与运动目标的设定在运动领域中起着至关重要的作用。通过有效地激发运动员的动机和设定合理的目标，我们可以帮助他们保持高昂的斗志和持续的努力，最终取得优异的成绩和突破。

三、精神因素对运动疲劳的影响及调控

在运动训练中，精神因素对运动疲劳的产生和调控起着至关重要的作用。运动员的心理状态、情绪变化及意志力等精神因素，都会直接影响到他们的体能消耗和恢复过程。因此，了解精神因素对运动疲劳的影响，并采取相应的调控措施，对于提高运动员的训练效果和比赛成绩具有重要意义。

（一）精神因素对运动疲劳的影响

1. 心理压力对运动疲劳的影响

心理压力是运动员在训练和比赛中常常面临的一种精神负担。过度的心理压力会导致运动员出现紧张、焦虑等负面情绪，进而影响到他们的生理状态。在心理压力的作用下，运动员的心率加快、血压升高、肌肉紧张度增加，这些生理变化会加速能量的消耗，使运动员更容易感到疲劳。

2. 情绪状态对运动疲劳的影响

情绪状态是影响运动员疲劳感的另一个重要因素。积极的情绪状态能够激发运动员的斗志和活力，使他们更加投入地参与到训练和比赛中。相反，消极的情绪状态则会导致运动员缺乏动力、注意力不集中，从而影响到他们的运动表现。长期处于消极情绪状态下的运动员，更容易出现疲劳感，甚至可能导致运动损伤。

3. 意志力对运动疲劳的影响

意志力是运动员在面对困难和挑战时保持坚定信念和决心的重要精神力量。

当运动员具备强大的意志力时，他们能够克服身体和心理上的疲劳感，坚持完成训练任务。相反，意志力薄弱的运动员在面对疲劳时更容易产生放弃的念头，从而影响到他们的训练效果和比赛成绩。

（二）运动疲劳的精神因素调控策略

1. 心理压力调控

为了减轻运动员的心理压力，教练和运动员可以采取一系列调控措施。首先，教练应帮助运动员树立正确的比赛观念，使他们明白比赛只是训练的一种形式，不是衡量自己价值的唯一标准。其次，运动员可以通过学习放松技巧，如深呼吸、冥想等，来缓解紧张情绪。最后，建立有效的沟通渠道，使运动员能够及时与教练、队友分享自己的感受和困惑，这也有助于减轻心理压力。

2. 情绪状态调控

调整情绪状态对于缓解运动疲劳同样至关重要。运动员可以通过积极的心理暗示和自我激励来提升自己的情绪状态。同时，保持良好的生活习惯和充足的睡眠也有助于稳定情绪。此外，运动员还可以通过参加一些娱乐活动和社交活动来放松心情，缓解疲劳感。

3. 意志力培养

意志力是运动员克服疲劳的关键因素。为了培养强大的意志力，运动员需要在日常训练中不断挑战自己，克服各种困难和挑战。教练可以通过设置具有挑战性的训练任务，激发运动员的斗志和毅力。同时，运动员还可以通过学习一些心理训练方法来提升自己的意志力，如目标设定、自我控制等。

（三）精神因素调控与运动疲劳的综合管理

精神因素调控是运动疲劳综合管理的重要组成部分。在实际应用中，教练和运动员需要综合考虑运动员的个体差异、训练阶段以及比赛任务等因素，制定个性化的精神因素调控方案。此外，精神因素调控还需要与其他疲劳管理措施相结合，如合理安排训练计划、保证充足的营养摄入、进行科学的恢复训练等，以达到最佳的运动疲劳管理效果。

同时，运动员自身的认知和自我管理能力也是精神因素调控的重要一环。

运动员需要学会正确认识自己的心理状态和情绪变化,及时采取有效的调控措施。此外,运动员还应具备坚定的信念和积极的心态,以应对训练和比赛中的各种挑战和困难。

总结而言,精神因素对运动疲劳的影响不容忽视。通过有效的心理压力调控、情绪状态调控以及意志力培养等措施,我们可以帮助运动员更好地应对运动疲劳,提高他们的训练效果和比赛成绩。在未来的研究和实践中,我们还应进一步探索精神因素调控与运动疲劳之间的深层联系,为运动员提供更加科学、全面的疲劳管理方案。

第四章 社会与文化因素对整体观的影响

第一节 社会环境对个体运动的塑造

一、社会支持对运动参与的影响

（一）社会支持对运动参与的积极推动作用

社会支持是指个体从社会网络中获得的各种形式的关心、帮助和支持，对于运动参与具有显著的积极推动作用。首先，社会支持能够为运动参与者提供必要的物质和精神资源，如运动装备、场地设施、信息指导等，使其能够更顺利地参与运动。此外，社会支持还能够激发个体的运动兴趣和动力，增强其参与运动的意愿和积极性。

具体来说，家庭、朋友、同事等社会成员的支持对于个体运动参与的影响尤为重要。家庭成员的鼓励和陪伴能够使个体感受到运动的乐趣和价值，从而更加积极地参与运动。朋友和同事的邀请和陪伴则能够增加运动的社交性，使个体在运动中感受到归属感和认同感，进一步推动其参与运动。

此外，社会组织和媒体的支持也对运动参与具有重要影响。社会组织通过举办各类运动活动和赛事，不仅为个体提供了展示自己才能和水平的平台，同时也为个体提供了与其他运动爱好者交流学习的机会。媒体则通过宣传运动知识和文化，提高公众对运动的认知度和重视程度，从而吸引更多人参与运动。

（二）社会支持对运动参与的心理影响

社会支持不仅能为运动参与者提供物质和精神上的帮助，还能对其心理产生积极的影响。首先,社会支持能够降低运动参与者的焦虑和压力水平。在面对运动挑战和困难时,个体的焦虑和压力可能会增加,而社会支持能够为其提供情感上的支持和安慰,帮助其缓解紧张情绪,更好地应对挑战。

其次,社会支持能够增强运动参与者的自信心和自尊心。当个体在运动中取得进步或成就时,社会支持能够给予其及时的认可和赞扬,使其感受到自己的价值和能力,从而更加自信地参与运动。

最后,社会支持还能够为运动参与者提供积极的角色榜样和示范效应,激发其向优秀运动员看齐,追求更高的运动目标和成就。

(三)社会支持对运动参与的长期影响

社会支持对运动参与的长期影响同样显著。首先,持续的社会支持能够促进个体养成良好的运动习惯和生活方式。在家庭、朋友和社会的鼓励和支持下,个体更容易将运动融入日常生活,形成长期的运动习惯。这种习惯不仅有助于个体保持身体健康和心理健康,还能够提高其生活质量和幸福感。

其次,社会支持能够为个体提供持续的运动动力和资源。在运动过程中,个体可能会遇到各种困难和挑战,而社会支持能够为其提供必要的帮助和支持,使其能够克服障碍,坚持运动。此外,社会支持还能够为个体提供学习和成长的机会,使其在运动中不断提升自己的能力和水平。

最后,社会支持还能够对个体的社会关系和社交网络产生积极影响。通过参与运动,个体能够结识更多志同道合的朋友和伙伴,扩大自己的社交圈子。这些社交关系不仅能够为个体提供情感上的支持和陪伴,还能够为其提供更多的运动资源和信息,进一步促进其参与运动。

综上所述,社会支持对运动参与具有深远的影响。它不仅能够为个体提供必要的物质和精神资源,还能够对其心理和社会关系产生积极的影响。因此,我们应该重视社会支持在推动运动参与中的作用,积极营造良好的社会支持氛围,为更多人参与运动提供有力的支持和保障。同时,个体也应该主动寻求和接受社会支持,充分利用各种资源和机会,积极参与运动,享受运动带来的健康和快乐。

二、社会期望与运动角色的定位

在体育运动领域，社会期望与运动角色的定位是密不可分的。社会期望作为一种外部力量，对运动员的角色定位和行为模式产生深远影响。而运动员则通过自身的努力和表现，塑造符合社会期望的角色形象，实现自我价值的提升。

（一）社会期望对运动角色定位的影响

社会期望是指社会对某一角色所持有的普遍看法和期待。在体育运动中，社会期望往往表现为对运动员的行为规范、道德标准、竞技水平等方面的要求。这些期望不仅来自媒体、观众、赞助商等外部因素，也来自运动员自身及其家庭、教练等内部因素。

社会期望对运动角色定位的影响主要体现在以下几个方面：

首先，社会期望塑造了运动员的公众形象。运动员作为公众人物，其言行举止往往受到广泛关注。社会期望要求运动员在赛场上展现出色的竞技水平，同时在场下保持良好的道德品质和社会责任感。这种期望促使运动员在角色定位时注重个人形象的塑造和维护。

其次，社会期望影响了运动员的职业发展。在竞争激烈的体育领域，运动员需要不断提升自己的竞技水平，以满足社会对其的期望。同时，运动员还需要关注市场需求和观众喜好，调整自己的运动项目和风格，以适应社会期望的变化。这种期望促使运动员在角色定位时更加注重市场需求和职业发展前景。

最后，社会期望对运动员的心理状态产生影响。过高的社会期望可能给运动员带来巨大的心理压力，影响其竞技表现和心理健康。运动员需要在面对社会期望时保持平和的心态，合理调整自己的期望值，避免过度追求成绩而忽略自身的身心健康。

（二）运动角色定位与社会期望的互动关系

运动角色的定位与社会期望之间存在着密切的互动关系。一方面，运动角色定位受到社会期望的引导和塑造；另一方面，运动员通过自身的表现和角色塑造，反作用于社会期望，推动其不断完善和更新。

在运动角色定位的过程中，运动员需要认真分析社会期望的内容和要求，结合自己的实际情况和职业发展目标，确定适合自己的角色定位。这种定位既要符合社会期望的基本要求，又要体现个人的特色和优势，以实现个人价值和社会价值的双赢。

同时，运动员还需要通过自身的努力和表现，不断塑造符合社会期望的角色形象。这包括在赛场上展现出精湛的技艺和顽强的拼搏精神，在场下积极参与公益活动和社会责任实践，展现出良好的道德品质和社会责任感。通过这些行为，运动员能够赢得社会的认可和尊重，提升自己的社会地位和影响力。

此外，运动员还可以通过自己的角色塑造，反作用于社会期望，推动其不断完善和更新。当运动员展现出积极向上的形象和态度时，能够激发社会对体育运动的热情和关注，推动体育事业的发展。同时，运动员的成功经验和故事也能够激励更多的人参与到体育运动中来，实现自我价值的提升和社会价值的创造。

（三）运动员如何适应并超越社会期望

面对社会期望的压力和挑战，运动员需要采取积极的策略来适应并超越这些期望。首先，运动员应建立正确的自我认知和价值观。他们应该清楚自己的优势和不足，明确自己的职业目标和追求，避免被外界的评价和期望所左右。同时，他们应该树立正确的价值观和道德观，以积极向上的态度面对挑战和困难。

其次，运动员应不断提升自己的竞技水平和综合素质。通过科学的训练和比赛实践，提高自己的技术水平和竞技能力；同时，注重培养自己的心理素质、团队协作能力和社会责任感等方面的素质，以更好地适应市场需求和社会期望的变化。

最后，运动员应保持开放的心态和创新的思维。他们应该积极关注社会热点和市场需求的变化，及时调整自己的运动项目和风格；同时，勇于尝试新的训练方法和比赛策略，以不断创新和突破自己的极限。

综上所述，社会期望与运动角色的定位是相互作用、相互影响的过程。运动员需要在认真分析社会期望的基础上，结合自身的实际情况和职业发展目标，确定适合自己的角色定位；同时，通过自身的努力和表现，不断塑造符合社会期望的角色形象，实现个人价值和社会价值的提升。

三、社会变迁对运动习惯的影响

社会变迁是一个广泛而复杂的过程，它涵盖了社会结构、价值观念、科技进步、文化传统等多个方面的变化。在这个大背景下，人们的运动习惯也不可避免地受到了影响。以下将从社会变迁的角度出发，探讨其对运动习惯产生的深远影响。

（一）社会结构变迁对运动习惯的影响

社会结构的变迁是社会变迁的重要组成部分，它涉及人口结构、职业分布、城乡结构等多个方面。这些变化对人们的运动习惯产生了显著影响。

首先，人口结构的变化改变了运动参与者的构成。随着老龄化社会的到来，老年人的运动需求逐渐增加，他们更加注重运动对身体健康的促进作用。同时，年轻一代的运动习惯也呈现出多元化和个性化的特点，他们更加倾向于选择符合自己兴趣和需求的运动项目。

其次，职业分布的变化也影响了人们的运动时间。随着现代职业节奏的加快，许多人面临着工作压力大、时间紧张的问题，导致他们难以抽出足够的时间进行运动。然而，一些新兴职业如自由职业者、远程办公者等，由于工作方式的灵活性，他们可能有更多的自由时间用于运动。

此外，城乡结构的变化也对运动习惯产生了影响。城市化进程加速了城市人口的聚集，为城市运动设施的建设提供了便利条件。然而，随着城市规模的扩大和交通拥堵的加剧，城市居民的运动空间受到限制，这也影响了他们的运动习惯。

（二）价值观念变迁对运动习惯的影响

价值观念是指导人们行为的重要准则，它的变迁也会对运动习惯产生影响。随着社会的发展和进步，人们的价值观念逐渐从物质追求转向精神追求，这对运动习惯产生了积极的影响。

一方面，健康意识的提高使人们更加注重运动对身体健康的促进作用。越来越多的人开始认识到运动对预防疾病、增强体质、提高生活质量的重要性，因此他们更加积极地参与到各种运动中来。

另一方面，休闲观念的转变也促进了运动习惯的形成。在快节奏的生活中，人们越来越注重休闲和娱乐的价值。运动作为一种健康、积极的休闲方式，受到了越来越多人的青睐。人们通过运动来放松心情、缓解压力、提升幸福感。

（三）科技进步对运动习惯的影响

科技进步是推动社会变迁的重要力量，它也对运动习惯产生了深远的影响。

首先，运动设备的智能化和便捷化为人们提供了更多的运动选择。智能手环、运动手表等设备能够实时监测人们的运动数据和健康状况，帮助他们制订更科学的运动计划。同时，线上运动平台、健身APP等也为人们提供了丰富多样的运动资源和指导服务，使得运动变得更加便捷和高效。

其次，运动方式的创新也丰富了人们的运动体验。虚拟现实、增强现实等技术的应用使得运动场景更加多样化和趣味化，人们在家中就能体验到各种运动项目带来的乐趣。此外，一些新兴运动项目如极限运动、电子竞技等也吸引了大量年轻人的关注和参与。

然而，科技进步也对运动习惯产生了一些负面影响。例如，互联网的普及使得人们更加依赖电子产品和社交媒体，导致一些人缺乏足够的运动时间和动力。此外，一些不良的运动习惯和方式也可能通过网络传播开来，对人们的运动健康造成潜在威胁。

综上所述，社会变迁对运动习惯产生了深远的影响。在社会结构、价值观念、科技进步等多个方面的变化下，人们的运动习惯呈现出多元化、个性化、科学化的特点。然而，我们也应该看到，社会变迁对运动习惯的影响并非全然积极，其中也存在一些挑战和问题需要我们关注和解决。因此，在未来的社会发展中，我们需要继续关注和研究社会变迁对运动习惯的影响，以更好地促进人们的运动健康和全面发展。

第二节 文化因素对动作表达的影响

一、文化差异在运动动作中的体现

运动,作为人类文化的重要组成部分,深受多种文化因素的影响。在各种运动项目中,运动动作不仅体现了运动技能和竞技水平,更承载了丰富的文化内涵。以下将从多个维度探讨文化差异在运动动作中的体现。

(一)动作形态与风格的文化烙印

不同文化背景下的运动动作,往往呈现出独特的形态与风格。这种差异既体现在动作的基本形态上,也反映在动作的细节处理上。例如,在舞蹈运动中,不同民族的舞蹈动作往往带有各自的文化特色。中国的古典舞强调身体的柔韧性和线条美,动作多以圆润、流畅为主;而西方的芭蕾舞则注重身体的挺拔和稳定性,动作更加规范、严谨。这种差异不仅体现了不同文化对美的追求,也反映了不同文化对身体的认知和塑造方式。

此外,在球类运动中,不同国家的运动员在动作风格上也有所不同。例如,巴西足球以其独特的技巧和创造性闻名于世,球员善于运用个人技巧突破对手的防线;而德国足球则更加注重团队配合和战术执行力,球员的动作更加规范、严谨。这种差异同样体现了不同文化对运动的理解和追求。

(二)动作节奏与韵律的文化特色

节奏和韵律是运动动作中不可或缺的元素,它们在不同的文化背景下呈现出不同的特点。在东方文化中,运动动作往往追求一种内在的韵律和节奏感,强调动作与呼吸、意念的协调统一。例如,太极拳的动作缓慢而连贯,注重呼吸的配合和意念的引导,体现了东方文化对和谐、平衡的追求。而在西方文化中,运动动作则更加注重外在的节奏感和表现力。例如,街舞的动作快速而富有节奏感,强调个性和情感的表达,体现了西方文化对力量、创新的追求。

(三)动作寓意与象征的文化内涵

许多运动动作不仅具有实用价值,还承载着丰富的文化内涵和象征意义。在一些传统运动项目中,动作往往寓意着某种精神或价值观。例如,中国的武术动作不仅具有实战功能,还蕴含着深厚的文化底蕴和哲学思想。一些特定的武术动作如"抱拳礼"等,都体现了对对手的尊重和友谊精神。同样,在印度的瑜伽运动中,每一个动作都对应着一种精神层面的追求和修行。这些动作不仅锻炼了身体,更在精神层面给予了人们启示和指引。

此外,一些运动动作还承载着民族文化的象征意义。例如,在奥运会的开幕式上,各国代表团都会展示本国特色的运动动作或舞蹈,这些动作往往是对本国文化的独特诠释和展示。通过这些动作,人们可以更加直观地感受到不同文化的魅力和特色。

(四)动作交流与传播的文化互动

运动动作的交流与传播是不同文化之间互动的重要方式。随着全球化的推进和体育交流的增多,不同文化背景下的运动动作开始相互借鉴和融合。一方面,本土文化在吸收外来文化元素的过程中不断丰富和发展;另一方面,本土文化也通过运动动作的传播向世界展示其独特魅力。

例如,中国的武术、太极等运动项目在全球范围内受到越来越多的关注和喜爱。这些运动动作不仅展示了中国文化的独特魅力,也为世界体育文化的多样性做出了贡献。同时,一些西方的运动项目也在全球范围内广泛传播,其动作风格和技术特点也受到了不同文化背景的运动员和观众的认可和喜爱。

这种文化互动不仅促进了运动动作的创新和发展,也加深了人们对不同文化的理解和尊重。通过运动动作的交流与传播,不同文化之间的界限逐渐模糊,人们开始更加关注文化之间的共性和交融。

综上所述,文化差异在运动动作中得到了充分体现。从动作形态与风格、节奏与韵律、寓意与象征到交流与传播等多个方面,我们都可以看到不同文化对运动动作的影响和塑造。这种影响不仅丰富了运动动作的内涵和表现形式,也促进了不同文化之间的交流与融合。在未来的发展中,我们应该更加重视运动动作中的文化内涵和价值，推动不同文化之间的交流与互动，共同推动世界体育文化的繁荣与发展。

二、文化认同与运动风格的关联

文化认同是个体或群体对某种文化的归属感和认同感，它深刻影响着人们的思维方式、行为模式以及价值观念。运动风格作为文化的一种具体表现形式，同样受到文化认同的深刻影响。下面将从多个维度探讨文化认同与运动风格之间的关联。

（一）文化认同塑造运动风格的独特性

每种文化都有其独特的价值观念和审美标准，这些元素深刻影响着运动风格的形成。文化认同作为个体或群体对文化的归属感和认同感，使得运动风格在特定文化背景下呈现出独特的魅力。例如，中国的武术强调内外兼修、刚柔并济，这种运动风格深受中国传统文化的影响；而西方的拳击则更加注重力量与速度的结合，体现了西方文化对力量与竞争的崇尚。这些不同的运动风格不仅展示了各自文化的特色，也反映了人们对不同文化的认同和追求。

（二）文化认同影响运动风格的传承与创新

运动风格的传承与创新是文化认同的重要体现。对一种运动风格来说，其传承需要依赖于文化认同的支撑，而创新则是在文化认同的基础上进行的探索和发展。一方面，文化认同使得人们更加珍视和传承本民族或地区的运动风格；另一方面，文化认同也推动着运动风格的创新与发展，人们在探索新的运动形式和技术手段的过程中，不断融入新的文化元素和审美观念，使得运动风格更加多样化和个性化。

（三）运动风格作为文化认同的载体与表达

运动风格作为一种文化现象，不仅是文化认同的体现，也是文化认同的载体与表达。通过运动风格，人们可以更加直观地感受到不同文化的魅力和特色。例如，在观看一场篮球比赛时，我们可以通过球员的动作、技巧和战术安排等运动风格，感受到不同国家或地区的篮球文化特色；同样，在观看一场舞蹈表演时，我们可以通过舞者的舞姿、节奏和表情等运动风格，领略到不同民族或地区的舞蹈文化魅力。这些运动风格不仅展示了文化的多样性，也加深了人们对不同文化的理解和尊重。

（四）全球化背景下文化认同与运动风格的互动发展

在全球化的背景下，不同文化之间的交流与融合日益频繁，这为运动风格的发展提供了更加广阔的空间。一方面，全球化使得不同文化背景下的运动风格得以相互借鉴和融合，产生了许多新的运动形式和风格；另一方面，全球化也促进了文化认同的强化和深化，使得人们更加珍视和传承本民族或地区的运动风格。这种互动发展不仅丰富了运动风格的内涵和表现形式，也推动了文化的交流与传播。

然而，值得注意的是，在全球化的过程中，我们也应该警惕文化同质化的问题。虽然不同文化之间的交流与融合有助于推动文化的进步和发展，但过度的同质化可能会导致文化的独特性和多样性丧失。因此，在推动文化认同与运动风格互动发展的过程中，我们应该注重保持和发扬各自文化的特色，促进文化的多样性和个性化发展。

综上所述，文化认同与运动风格之间存在着密切的关联。文化认同塑造了运动风格的独特性，影响了运动风格的传承与创新，同时也通过运动风格得以载体与表达。在全球化的背景下，文化认同与运动风格的互动发展推动了文化的交流与传播，也促进了文化的多样性和个性化发展。因此，我们应该重视文化认同与运动风格之间的关系，推动文化的交流与融合，促进文化的繁荣与发展。

三、文化因素对运动创新的影响

运动创新是推动体育事业发展的重要动力，它不仅体现在技术、战术层面的革新上，更涉及运动理念、训练方法等多个方面的变革。在这一过程中，文化因素以其独特的力量，对运动创新产生着深远的影响。以下将从四个方面探讨文化因素对运动创新的影响。

（一）文化价值观引导运动创新方向

文化价值观是一个民族或社会在长期历史发展过程中形成的关于价值判断、

价值选择和价值追求的基本观念。它深刻影响着人们对运动的认知和理解，从而引导运动创新的方向。

在不同的文化背景下，人们对运动的追求和价值取向各不相同。例如，西方文化强调竞争、挑战和超越，这促使运动员和教练不断追求技术的突破和战术的创新；而东方文化则注重和谐、平衡和内在修养，这引导着运动创新向更加注重身心协调、内外兼修的方向发展。

此外，文化价值观还影响着运动创新的评价标准和接受程度。一种运动创新是否符合社会主流文化价值观，往往决定了其能否得到广泛认可和接纳。因此，在推动运动创新过程中，必须充分考虑文化价值观的影响，确保创新成果与社会文化环境相契合。

（二）文化传统为运动创新提供灵感源泉

文化传统是一个民族或社会在长期历史发展过程中形成的独特文化现象和文化遗产。它包含着丰富的历史文化信息和精神内涵，为运动创新提供了无尽的灵感源泉。

在文化传统中，我们可以找到许多与运动相关的故事、传说和象征符号，这些元素都可以成为运动创新的素材和灵感来源。例如，中国的武术、舞蹈等传统体育项目，就深受传统文化的影响，其动作设计、节奏韵律等方面都融入了丰富的文化元素。

同时，文化传统中的审美观念、艺术风格等也为运动创新提供了重要的参考和借鉴。通过借鉴传统艺术的表现手法和审美标准，运动创新可以在形式和内容上实现更加多样化和个性化的发展。

（三）文化交流推动运动创新融合发展

文化交流是不同文化之间相互了解、相互借鉴和相互融合的过程。在全球化背景下，文化交流日益频繁和深入，这为运动创新提供了更加广阔的空间和机遇。

通过文化交流，不同文化背景下的运动项目和运动理念得以相互碰撞和融合，从而产生新的运动形式和风格。

此外，文化交流还促进了运动技术的传播和创新。在国际体育赛事中，各国运动员和教练通过比赛和交流，不断学习和借鉴先进的运动技术和训练方法，推动了运动技术的创新和发展。

（四）文化环境对运动创新的影响与挑战

文化环境是一个民族或社会所处的整体文化氛围和条件。它对运动创新具有深刻的影响，既为创新提供了可能，也带来了挑战。

首先，文化环境对运动创新的氛围和动力具有重要影响。一个开放、包容、创新的文化环境能够激发人们的创造力和创新精神，为运动创新提供良好的土壤；相反，一个保守、封闭、抑制创新的文化环境则可能阻碍运动创新的发展。

其次，文化环境对运动创新的接受程度和推广效果也具有重要影响。一种运动创新是否符合当地文化环境的特点和需求，往往决定了其能否得到广泛推广和应用。因此，在推动运动创新的过程中，必须充分考虑文化环境的差异和特点，制定符合实际情况的推广策略。

此外，随着文化多元化的深入发展，不同文化之间的冲突和融合也日益凸显。这对运动创新提出了更高的要求，需要我们在保持自身文化特色的基础上，积极借鉴和融合其他文化的优点和长处，推动运动创新的跨文化发展。

综上所述，文化因素对运动创新具有深远的影响。文化价值观引导运动创新的方向，文化传统为运动创新提供灵感源泉，文化交流推动运动创新的融合发展，而文化环境则对运动创新产生着直接的影响与挑战。因此，在推动运动创新的过程中，我们必须充分认识和把握文化因素的影响和作用，以文化为引领，推动运动创新的持续发展。

第三节　团队协作与整体运动观

一、团队协作在运动中的重要性

团队协作是运动领域中不可或缺的关键因素，它对运动员个人的成长、团队整体的表现以及运动项目的成功都具有深远的影响。下面将从五个方面详细探讨团队协作在运动中的重要性。

（一）团队协作有助于提升运动员的竞技水平

在运动中，团队协作能够为运动员提供一个相互学习、共同进步的平台。团队成员之间通过交流、切磋和合作，可以相互借鉴彼此的优点，弥补自身的不足。这种互补性的学习模式有助于运动员拓宽技术视野，提高技术水平，从而在比赛中展现出更加出色的竞技状态。

同时，团队协作还能够激发运动员的斗志和潜能。在团队中，每个成员都会受到其他成员的影响和激励，产生更强的竞争意识和求胜欲望。这种积极的氛围能够促使运动员在训练中更加刻苦努力，比赛中更加敢于拼搏，进而提升个人的竞技水平。

（二）团队协作有助于增强团队的凝聚力和向心力

团队协作的本质是成员之间的相互信任、相互支持和相互配合。在运动中，团队成员通过共同完成任务、分享成功和面对挑战，能够建立起深厚的友谊和信任关系。这种紧密的团队关系有助于增强团队的凝聚力和向心力，使团队成员在比赛中能够形成合力，发挥出更大的战斗力。

此外，团队协作还能够培养团队成员的大局意识和团队精神。在团队中，每个成员都需要为团队的整体利益着想，积极贡献自己的力量。这种大局意识和团队精神能够使团队成员在关键时刻相互扶持、共同进退，从而确保团队在比赛中取得优异的成绩。

（三）团队协作有助于促进运动项目的创新和发展

团队协作能够汇聚众多运动员的智慧和力量，为运动项目的创新和发展提供源源不断的动力。在团队中，不同背景和经历的运动员可以带来不同的思维方式和创新理念，这些新颖的想法和观点能够为运动项目的改进和创新提供有益的启示。

同时，团队协作还能够推动运动技术的交流和传播。在团队中，运动员可以通过互相学习、交流经验和分享技巧，将先进的运动技术传播给更多的运动员，从而推动整个运动项目的技术水平的提高。

（四）团队协作有助于培养运动员的社会适应能力

在运动中，团队协作不仅关乎竞技成绩，更是一次锻炼运动员社会适应能力的宝贵机会。通过团队协作，运动员可以学会如何与他人沟通、如何协调不同意见、如何解决冲突等重要的社交技能。这些技能在运动员未来的生活和工作中同样具有重要意义，能够帮助他们更好地融入社会、与他人建立良好的人际关系。

此外，团队协作还能够培养运动员的责任感和担当精神。在团队中，每个成员都需要承担一定的责任和义务，通过完成自己的任务来推动团队的整体发展。这种责任感和担当精神能够促使运动员在未来的生活和工作中更加积极主动、勇于担当，成为社会的栋梁之材。

（五）团队协作有助于提升运动项目的社会影响力和价值

团队协作是运动项目中不可或缺的一部分，它不仅能够提升运动员的竞技水平和团队的凝聚力，还能够增强运动项目的社会影响力和价值。一个团结协作、积极向上的团队往往能够吸引更多的关注和赞誉，从而提升运动项目的知名度和美誉度。

此外，团队协作还能够传递积极向上的价值观和精神风貌。在团队中，运动员通过共同努力、追求卓越、克服困难等过程，展现出了坚韧不拔、勇往直前的精神风貌。这种积极向上的价值观和精神风貌能够感染观众、影响社会，为运动项目的推广和发展注入强大的正能量。

综上所述，团队协作在运动中具有举足轻重的地位。它不仅能够提升运动员的竞技水平和团队的凝聚力，还能够促进运动项目的创新和发展，培养运动员的社会适应能力，提升运动项目的社会影响力和价值。因此，我们应该充分认识到团队协作的重要性，加强团队建设和协作能力的培养，为运动事业的发展注入更多的活力和动力。

在未来的运动领域中，随着技术的不断进步和竞争的日益激烈，团队协作的重要性将更加凸显。只有通过加强团队协作，我们才能更好地应对挑战、把握机遇，推动运动事业不断向前发展。让我们携手共进，以团队协作的力量创造更加辉煌的运动未来！

二、整体运动观在团队协作中的应用

整体运动观是一种强调团队中各成员之间相互关联、相互依存，以及整体协调与配合的运动理念。在团队协作中，整体运动观的应用具有重要意义，它不仅有助于提升团队的凝聚力和协作效率，还能够促进团队成员之间的沟通与信任，实现共同的目标。

（一）整体运动观促进团队成员之间的角色互补

在整体运动观的指导下，团队成员能够认识到每个人在团队中的独特性和不可或缺性。每个成员都拥有各自的优势和特长，通过相互协作，可以形成优势互补的效应。例如，在篮球比赛中，有的球员擅长得分，有的擅长防守，有的擅长组织进攻。通过整体运动观的引导，球员们可以明确自己的角色定位，发挥各自的优势，共同为球队的胜利贡献力量。

同时，整体运动观还强调团队成员之间的互补性。在团队中，每个成员都应该学会欣赏和尊重他人的贡献，避免过度竞争和内部消耗。通过相互支持和协作，团队成员可以共同应对挑战，克服困难，实现团队的整体目标。

（二）整体运动观提升团队决策的准确性和效率

在整体运动观的指导下，团队决策不再是个别成员的独角戏，而是整个团队的集体智慧。团队成员之间通过充分的沟通和讨论，能够汇聚各方意见，形成更加全面、准确的决策。这种集体决策的方式不仅可以减少决策的盲目性和风险性，还能够提高决策的效率和执行力。

同时，整体运动观还强调团队成员之间的信任和默契。在团队中，成员需要相互信任、相互支持，才能够形成高效的协作关系。通过共同训练和比赛，团队成员可以建立起深厚的默契和信任，使团队决策更加迅速、准确地得到执行。

（三）整体运动观强化团队的凝聚力和向心力

整体运动观的核心思想是团队的整体性和一致性。在团队协作中，每个成员都应该将团队的利益放在首位，摒弃个人英雄主义，追求团队的共同目标。通过整体运动观的引导，团队成员可以形成强烈的归属感和集体荣誉感，增强团队的凝聚力和向心力。

此外，整体运动观还鼓励团队成员之间的积极互动和合作。在团队中，成员可以通过分享经验、交流心得、相互鼓励等方式，增进彼此的了解和信任，建立起紧密的合作关系。这种积极的互动和合作不仅能够提升团队的协作效率，还能够促进团队成员的个人成长和进步。

（四）整体运动观促进团队创新和持续改进

在整体运动观的指导下，团队协作不再是故步自封的，而是不断追求创新和改进的过程。团队成员通过共同探索和尝试新的战术、技术和方法，可以不断提升团队的整体竞争力。同时，整体运动观还鼓励团队成员勇于面对挑战和失败，从失败中吸取教训，不断改进和提升团队的协作能力。

此外，整体运动观还注重团队成员之间的知识共享和经验传承。在团队中，成员可以通过相互学习和借鉴，不断提升自己的专业技能和知识水平，为团队的创新和发展提供源源不断的动力。

（五）整体运动观提升团队的社会责任感和影响力

整体运动观不仅关注团队内部的协作和配合，还强调团队与社会之间的关联和互动。在团队协作中，团队成员应该积极履行社会责任，关注社会热点问题，通过自身的努力和行动，为社会做出贡献。

同时，整体运动观还鼓励团队成员积极参与公益活动和社会服务，提升团队的社会影响力和认可度。通过参与社会活动和公益事业，团队成员可以展示自己的团队精神和协作能力，树立团队的正面形象，赢得社会的尊重和赞誉。

综上所述，整体运动观在团队协作中具有广泛的应用价值。通过整体运动观的引导和应用，团队成员可以形成紧密的合作关系，实现优势互补和集体智慧的最大化；提升团队决策的准确性和效率；强化团队的凝聚力和向心力；促进团队创新和持续改进；提升团队的社会责任感和影响力。因此，我们应该在团队协作中积极推广和应用整体运动观，推动团队的协作能力和整体水平不断提升。

三、团队文化对运动绩效的影响

团队文化作为团队内部的一种潜在力量，对运动绩效的影响不容忽视。它涉及团队成员的价值观、信念、行为规范和互动方式，为团队的运动表现提供了坚实的支撑。以下从三个方面详细探讨团队文化对运动绩效的影响。

（一）团队文化塑造积极心态，提升运动表现

团队文化能够塑造积极的心态，对运动绩效产生直接影响。在积极向上的团队文化中，成员往往持有乐观、自信的态度，相信自己和团队的能力，能够克服困难和挑战。这种积极心态有助于减少焦虑和压力，提高运动员的心理素质，从而在运动比赛中发挥出更好的水平。

同时，团队文化强调团队成员之间的信任与合作，有助于形成良好的人际关系和沟通氛围。在这样的环境中，运动员可以更加放心地投入比赛中，充分发挥自己的潜力。此外，团队文化还鼓励成员追求卓越，不断挑战自我，这种精神能够激发运动员的斗志，提升他们的运动表现。

（二）团队文化凝聚团队力量，促进团队协作

团队文化的另一个重要作用是凝聚团队力量，促进团队成员之间的协作。一个具有强大凝聚力的团队，往往能够在关键时刻团结一心，共同应对挑战。团队文化通过共同的价值观、信念和行为规范，将团队成员紧密地联系在一起，形成一个不可分割的整体。

在团队协作方面，团队文化强调成员之间的互补与配合，使每个人都能在团队中找到自己的位置，发挥最大的价值。同时，团队文化还鼓励成员相互支持、相互帮助，共同面对困难和挑战。这种协作精神有助于提升团队的整体战斗力，使团队在比赛中更具竞争力。

（三）团队文化激发创新活力，推动运动发展

团队文化不仅能够提升运动表现和团队协作，还能够激发创新活力，推动

运动发展。在开放、包容的团队文化中，成员敢于尝试新的战术、技术和训练方法，勇于挑战传统观念，为运动领域带来新的思路和解决方案。

这种创新精神有助于提升团队的运动水平，使团队在比赛中更具优势。同时，团队文化还鼓励成员积极参与运动科研和创新实践，推动运动技术的不断进步和发展。这种创新精神对于提高整个运动行业的水平和竞争力具有重要意义。

然而，要发挥团队文化对运动绩效的积极影响，还需要注意以下几点：

首先，团队文化需要与运动项目的特点和需求相结合。不同运动项目对团队文化的要求有所不同，因此在建设团队文化时，需要充分考虑运动项目的特点，使团队文化能够更好地服务于运动绩效的提升。

其次，团队文化的建设需要注重长期性和持续性。团队文化不是一蹴而就的，而是需要长时间的积累和沉淀。因此，团队管理者需要耐心、细心地引导和培育团队文化，使其成为团队成员的自觉行为。

最后，团队文化需要不断适应和变化。随着运动项目的发展和团队成员的变化，团队文化也需要不断进行调整和完善。团队管理者需要保持敏锐的洞察力，及时发现并解决团队文化中存在的问题，使其始终保持活力和适应性。

总之，团队文化对运动绩效的影响是多方面的、深远的。一个积极向上的团队文化能够塑造积极心态、凝聚团队力量、激发创新活力，从而提升运动表现和推动运动发展。因此，在团队建设和管理中，应注重团队文化的培育和发展，使其成为提升运动绩效的重要力量。

第四节　整体观与运动社会学的交叉点

一、运动社会学视角下的整体观解读

在运动社会学的研究领域里，整体观是一个至关重要的概念。它强调将运动现象视为一个由多个相互关联、相互作用的元素组成的复杂系统。从整体观的角度出发，我们能够对运动活动有更为深入和全面的理解。笔者将从三个方面来详细解读运动社会学视角下的整体观。

(一)整体观在运动社会学中的基本内涵

整体观在运动社会学中,主要是指将运动现象作为一个整体来进行研究和分析的方法论。这种方法论强调将运动置于社会的大背景中,考察其与社会的互动关系,以及运动内部各要素之间的相互作用。整体观认为,运动不仅仅是体育竞技的单一表现,而是涉及文化、经济、政治等多个方面的社会现象。因此,我们需要从多个角度来审视和分析运动,以揭示其背后的深层次社会结构和规律。

(二)整体观在运动团队构建中的体现

在运动团队的构建中,整体观同样发挥着重要作用。一个成功的运动团队,往往是一个高度协同、相互支持的整体。团队成员之间需要建立良好的沟通和合作关系,共同为团队的目标而努力。同时,团队也需要与外部环境进行积极的互动和适应,以应对各种挑战和变化。整体观要求我们在团队构建中注重整体性和协调性,充分考虑团队成员的个体差异和需求,以及团队与外部环境的关系,从而打造出一个具有强大凝聚力和战斗力的运动团队。

(三)整体观在运动文化传承与发展中的意义

运动文化作为社会文化的重要组成部分,其传承与发展同样需要整体观的指导。整体观要求我们在运动文化的传承中,既要尊重历史传统和民族特色,又要关注时代变迁和社会需求的变化。同时,我们还需要将运动文化置于全球化的背景中,积极吸收和借鉴其他国家和地区的优秀运动文化元素,以促进本土运动文化的创新和发展。

在整体观的指导下,我们可以更加全面地认识和理解运动文化的内涵和价值,更好地推动运动文化的传承与发展。例如,在推广传统体育项目时,我们不仅要关注其竞技性和娱乐性,还要深入挖掘其背后的历史文化内涵和民族精神,让更多人了解和喜爱这些传统体育项目。同时,我们还可以借助现代科技手段和传播渠道,将传统体育项目与现代元素相结合,打造出具有时代特色的运动文化产品,以满足不同人群的需求和喜好。

此外,整体观还强调运动文化与社会发展的相互促进关系。运动文化的发展可以推动社会的进步和文明程度的提高,而社会的繁荣和稳定也为运动文化的传承与发展提供了有力保障。因此，我们需要将运动文化的发展与社会发展紧密结合起来，共同推动社会的和谐与进步。

综上所述，运动社会学视角下的整体观为我们提供了一种全面、深入的理解和分析运动现象的方法论。它强调将运动视为一个由多个相互关联、相互作用的元素组成的复杂系统，注重从整体的角度来审视和分析运动现象。在运动团队的构建、运动文化的传承与发展等方面，整体观都发挥着重要的指导作用。通过运用整体观的理念和方法，我们可以更好地推动运动事业的发展，为社会的和谐与进步做出贡献。

二、整体观在运动社会学研究中的应用

整体观在运动社会学研究中扮演着至关重要的角色，它提供了一种全面、深入的分析框架，有助于我们更好地理解运动与社会之间的复杂关系。以下将从五个方面详细阐述整体观在运动社会学研究中的应用。

（一）整体观在运动社会结构分析中的应用

整体观在运动社会结构分析中发挥着关键作用。它强调将运动置于整个社会结构中，考察运动与社会各阶层、各群体的关系。例如，通过研究不同社会阶层参与运动的情况，可以揭示运动在促进社会流动和阶层融合方面的作用。同时，整体观还关注运动内部的结构和层次，如运动员、教练、观众等不同角色之间的相互作用和影响。这种全面的视角有助于我们深入理解运动社会结构的复杂性和多样性。

（二）整体观在运动文化与社会文化互动研究中的应用

运动文化作为社会文化的重要组成部分，与社会文化之间存在着密切的互动关系。整体观在这一研究领域的应用主要体现在对运动文化与社会文化的整体性和关联性考察上。通过研究运动文化的形成、传播和变迁过程，可以揭示其与社会文化的相互影响和交融。例如，某些运动项目可能源于特定的社会文化背景，随着时间的推移，它们逐渐融入主流文化，成为全社会共同关注和参与的活动。这种互动关系不仅丰富了社会文化的内容，也推动了运动文化的创新和发展。

(三)整体观在运动与社会问题关联研究中的应用

整体观在这一领域的应用主要体现在对运动与社会问题之间的整体性和系统性分析上。通过将运动置于整个社会系统中,我们可以更全面地理解问题的成因、影响和解决方案。例如,对于体育暴力问题,整体观不仅关注运动员之间的冲突和暴力行为,还考察社会文化背景、观众情绪、媒体报道等多方面因素对体育暴力的影响。这种全面的分析有助于我们制定更有效的预防和治理措施。

(四)整体观在运动与社会变迁关系研究中的应用

社会变迁是影响运动发展的重要因素之一,而运动也在一定程度上反映了社会的变迁。整体观在运动与社会变迁关系研究中的应用主要体现在对运动与社会变迁之间的整体性和历史性考察上。通过对比不同历史时期和社会背景下运动的发展状况,我们可以揭示运动与社会变迁之间的相互作用和影响。例如,在工业化、城市化的进程中,运动逐渐从少数人的娱乐活动发展成为大众化的社会现象,这反映了社会变迁对运动发展的推动作用。同时,运动也在一定程度上推动了社会的变迁,如通过倡导公平、公正、团结等价值观,促进了社会的和谐与进步。

(五)整体观在全球化背景下运动社会学研究中的应用

在全球化背景下,运动不再局限于某一地区或国家,而是成为跨国界、跨文化的社会现象。整体观在这一领域的应用主要体现在对全球化背景下运动发展的整体性和比较性分析上。通过对比不同国家和地区在运动发展方面的差异和共性,我们可以揭示全球化对运动发展的影响和推动作用。同时,整体观还关注全球化背景下运动文化的交流和融合,如国际赛事的举办、运动员的跨国流动等,这些现象不仅丰富了运动文化的内涵,也促进了不同文化之间的理解和交流。

综上所述,整体观在运动社会学研究中的应用具有广泛而深远的意义。它不仅为我们提供了一种全面、深入的分析框架,还有助于我们更好地理解运动与社会之间的复杂关系。在未来的研究中,我们应该进一步拓展整体观的应用领域,深化对运动与社会互动关系的认识,为推动运动事业的健康发展和社会进步贡献智慧和力量。同时，我们也需要不断完善整体观的理论体系和方法论，以适应运动社会学研究不断发展的需求和挑战。

三、整体观对运动社会学理论的贡献

整体观在运动社会学研究中发挥着举足轻重的作用，它不仅为运动社会学研究提供了全新的视角和方法，还为理论体系的完善和发展做出了重要贡献。以下将从五个方面详细探讨整体观对运动社会学理论的贡献。

（一）丰富了运动社会学的理论框架

整体观强调将运动置于社会的大背景中进行研究，注重从整体的角度来分析运动现象。这一视角的引入，使得运动社会学的研究范围更加广泛，研究内容更加深入。整体观打破了以往将运动与社会割裂的局限性，将运动与社会文化、社会结构、社会问题等多个方面紧密联系起来，从而构建了一个更加全面、系统的理论框架。这一框架不仅有助于我们更深入地理解运动的本质和规律，还为运动社会学理论的发展提供了新的思路和方向。

（二）深化了对运动与社会互动关系的认识

整体观认为运动与社会之间存在着密切的互动关系，运动的发展受到社会因素的影响，同时运动也对社会产生着积极的影响。这一观点有助于我们更深入地认识运动与社会之间的相互作用机制。例如，通过整体观的研究，我们可以发现运动在社会化过程中的重要作用，运动参与对于个体身份认同、价值观形成等方面的影响；同时，运动也在推动社会进步、促进社会和谐等方面发挥着不可替代的作用。这些认识不仅丰富了我们对运动社会学的理解，也为解决社会问题提供了新的途径和手段。

（三）拓展了运动社会学的研究领域

整体观的引入使得运动社会学的研究领域得到了极大的拓展。以往，运动社会学主要关注运动内部的问题，如运动员的社会化、运动组织的运行等。而整体观则要求我们将运动置于整个社会系统中进行考察，关注运动与社会其他领域的交叉和互动。这导致了运动社会学的研究领域不断扩大，涵盖了运动与文化、运动与经济、运动与政治等多个方面。这些新领域的研究不仅有助于我们更全面地了解运动在社会中的功能和作用,也为运动社会学理论的发展注入了新的活力。

(四)推动了运动社会学研究方法的创新

整体观强调从整体和系统的角度来研究运动现象,这要求我们在研究方法上进行创新。传统的运动社会学研究方法往往侧重于定性描述和个案分析,而整体观则更加注重定量研究和比较研究。例如,通过运用社会网络分析、大数据挖掘等现代技术手段,我们可以更准确地揭示运动与社会之间的关联性和规律性;通过跨国比较和跨文化研究,我们可以更深入地理解不同社会背景下运动发展的共性和差异。这些创新性的研究方法不仅提高了运动社会学研究的科学性和准确性,也为运动社会学理论的发展提供了有力的支撑。

(五)为运动社会学理论的发展提供了新的思路

整体观作为一种全新的研究视角和方法论,为运动社会学理论的发展提供了新的思路。它要求我们跳出传统的思维模式,从更加宏观和系统的角度来审视运动现象。这种全新的思维方式不仅有助于我们解决一些长期困扰运动社会学领域的难题,还为运动社会学理论的发展提供了新的方向和动力。例如,整体观可以引导我们深入探讨运动与社会变迁、全球化等宏观问题的关系,揭示运动在社会发展中的重要作用;同时,它还可以启发我们关注运动与个体发展、社会和谐等微观层面的联系,为运动实践提供更加科学的指导。

综上所述,整体观对运动社会学理论的贡献是全方位的、深远的。它不仅丰富了运动社会学的理论框架和研究领域,深化了我们对运动与社会互动关系的认识,还推动了研究方法的创新和理论发展的新思路。未来,随着运动社会学研究的不断深入和发展,整体观将继续发挥其重要作用,为运动社会学理论的进一步完善和发展做出更大的贡献。同时,我们也应该看到,整体观在运动社会学研究中的应用还存在一些挑战和限制,如如何更好地处理宏观与微观的关系、如何更准确地量化分析等。因此,我们需要不断探索和创新,以克服这些挑战,更好地发挥整体观在运动社会学研究中的优势和作用。

第五节 跨文化研究与整体观的启示

一、跨文化研究在运动领域的应用价值

跨文化研究，或称"比较文化研究"，是一种利用全世界各种不同文化为样本，对各种资料进行比较研究，以便验证对人类行为的各种假设的方法。在运动领域中，跨文化研究的应用价值尤为显著，它不仅能够深化我们对运动本身的理解，也能推动运动在全球范围内的发展。以下将从五个方面详细阐述跨文化研究在运动领域的应用价值。

（一）深化对运动文化的理解

运动不仅是体能的较量，更是文化的展示。不同文化背景下的运动形式、规则、价值观等都有所不同，这些差异反映了不同文化的特色。通过跨文化研究，我们可以更深入地了解各种运动文化的内涵和特点，进而理解不同文化对运动的影响。这种理解有助于我们打破文化隔阂，增进文化间的交流与理解，推动运动文化的多元化发展。

（二）促进运动技术的创新与发展

在跨文化研究的视角下，我们可以比较不同文化中的运动技术，发现其异同点，进而促进技术的创新与发展。例如，通过对比东西方武术的技法，我们可以发现其共同点和差异，从而探索出更为先进的武术技法。这种技术创新不仅有助于提高运动员的竞技水平，也有助于推动运动项目的普及和发展。

（三）推动运动产业的全球化发展

在全球化的背景下，运动产业也逐渐走向国际化。跨文化研究有助于我们了解不同文化背景下的市场需求和消费习惯，为运动产业的全球化发展提供有力支持。通过跨文化研究，我们可以发现新的市场机会，开发出符合不同文化背景的运动产品和服务，进而推动运动产业的全球化发展。

（四）提升运动员的跨文化素养

在跨文化的运动赛场上，运动员不仅需要具备高超的竞技水平，还需要具备良好的跨文化素养。通过跨文化研究，我们可以了解不同文化背景下的运动员的思维方式、行为习惯和价值观等，进而提升运动员的跨文化交流和沟通能力。这种素养的提升有助于运动员在国际赛场上更好地适应环境，取得更好的成绩。

（五）促进运动领域的国际合作与交流

跨文化研究有助于打破文化壁垒，促进不同国家和地区在运动领域的合作与交流。通过比较不同文化中的运动理念、训练方法和管理模式等，我们可以发现各自的优点和不足，进而实现优势互补、共同发展。这种国际合作与交流不仅有助于提升运动领域的整体水平，也有助于增进不同国家和地区之间的友谊和互信。

综上所述，跨文化研究在运动领域的应用价值是多方面的。它不仅能够深化我们对运动文化的理解，促进运动技术的创新与发展，还能推动运动产业的全球化发展，提升运动员的跨文化素养，以及促进运动领域的国际合作与交流。因此，我们应该重视跨文化研究在运动领域的应用，充分发挥其优势和作用，为运动事业的发展贡献更多的力量。

然而，值得注意的是，跨文化研究在运动领域的应用也面临着一些挑战和困难。例如，不同文化背景下的运动理念和价值观可能存在较大差异，这需要我们以开放的心态和包容的态度去面对和理解。同时，跨文化研究需要具备深厚的专业知识和研究能力，这也需要我们不断学习和提升自己的专业素养。

未来，随着全球化的深入发展和运动领域的不断创新，跨文化研究在运动领域的应用将更加广泛和深入。我们应该继续探索跨文化研究的新方法、新路径，为运动事业的发展注入更多的活力和动力。同时，我们也应该注重跨文化研究与运动实践的结合，将研究成果转化为实际应用，为运动员的竞技水平提升、运动产业的繁荣发展以及国际交流与合作的深化做出更大的贡献。

二、跨文化研究对整体观发展的促进作用

整体观作为一种全面、系统的思维方式，其发展与完善离不开跨文化研究的推动。跨文化研究通过比较不同文化背景下的观念、价值观和行为模式，为整体观的深化和拓展提供了丰富的素材和视角。以下将从四个方面详细阐述跨文化研究对整体观发展的促进作用。

（一）拓宽整体观的视野与维度

跨文化研究通过对比不同文化中的整体观，揭示了其多样性和差异性。这种对比使得我们能够超越单一文化的局限，从更加广阔的视野和维度来审视整体观。通过跨文化研究，我们可以将这些不同的整体观进行融合与互补，形成更加全面、深入的整体观认识。这种拓宽视野与维度的过程，有助于我们更加客观地认识世界，更加全面地理解问题。

（二）深化对整体观内涵的理解

跨文化研究不仅关注整体观的表面差异，更致力于挖掘其背后的文化根源和深层含义。通过对不同文化背景下整体观的深入剖析，我们可以更加深入地理解其内涵和精髓。这些深入的分析和解读，有助于我们更加准确地把握整体观的本质和特征，进一步丰富和完善整体观的理论体系。

（三）推动整体观的创新与发展

跨文化研究为整体观的创新与发展提供了源源不断的动力。在跨文化交流的过程中，不同文化背景下的整体观相互碰撞、相互融合，产生了许多新的思想和观点。这些新的思想和观点不仅丰富了整体观的内容，也为其发展提供了新的方向和思路。例如，在现代社会中，随着全球化和信息化的加速发展，人们面临着越来越多的复杂问题和挑战。通过跨文化研究，我们可以借鉴不同文化中的整体观智慧，提出更加全面、有效的解决方案，推动整体观的创新与发展。

（四）提升整体观的应用价值与影响力

跨文化研究有助于提升整体观的应用价值与影响力。通过跨文化研究，我

们可以发现整体观在不同领域中的实际应用价值，如社会治理、环境保护、经济发展等。这些实际应用不仅验证了整体观的有效性和实用性，也为其在社会中的推广和普及提供了有力支持。同时，跨文化研究还可以增强整体观在国际上的影响力。通过与其他文化背景下的整体观进行交流和对话，我们可以展示整体观的独特魅力和优势，推动其在全球范围内的传播和应用。

综上所述，跨文化研究对整体观的发展具有显著的促进作用。通过拓宽视野与维度、深化内涵理解、推动创新与发展以及提升应用价值与影响力等方面的工作，跨文化研究为整体观的完善和提升提供了有力支持。未来，随着跨文化研究的不断深入和发展，整体观将在更多领域发挥重要作用，为人类社会的进步和发展做出更大贡献。

然而，值得注意的是，跨文化研究在促进整体观发展的同时，也面临着一些挑战和困难。例如，不同文化背景下的整体观可能存在较大的差异和冲突，如何进行有效的沟通和融合是一个重要的问题。此外，跨文化研究需要具备深厚的文化素养和跨文化交流能力，这也对研究者提出了更高的要求。因此，我们需要不断加强跨文化研究的能力建设，提升研究者的专业素养和跨文化交流能力，以更好地推动整体观的发展和完善。

第五章 技术与工程角度的整体观

第一节 运动技术的整体观

一、运动技术体系的整体构成

运动技术体系的整体构成是一个多维度的概念，它涵盖了运动员在各类体育活动中所需掌握的一系列技能、战术、体能和心理素质的综合体现。这个体系不仅反映了运动员个人的运动能力，也体现了运动项目的特点和要求。以下是对运动技术体系整体构成的阐述。

首先，运动技术体系的核心是技能。技能是运动员通过长期训练和实践所掌握的一系列动作和操作方法。这些技能包括但不限于基本动作、专项技术，以及复杂的技术组合。在构建技能体系时，运动员需要遵循从简单到复杂、从基础到高级的原则，逐步掌握并熟练运用各种技能。

其次，战术是运动技术体系的重要组成部分。战术是运动员在比赛中根据对手情况和比赛形势制定的策略和方法。它包括进攻战术、防守战术、团队配合战术等多个方面。运动员需要根据自己的技术特点和对手的弱点来制定合适的战术，以便在比赛中取得优势。

此外，体能也是运动技术体系不可或缺的一部分。体能是指运动员在运动中表现出的身体能力，包括力量、速度、耐力、灵敏度和柔韧性等。良好的体能是运动员完成各种技术动作和战术要求的基础，也是运动员在比赛中保持竞技状态的重要保障。

除了技能、战术和体能外，心理素质也是运动技术体系的重要组成部分。

心理素质包括自信心、抗压能力、情绪调节能力等方面。在激烈的比赛中，运动员往往需要面对巨大的压力和挑战，具备良好的心理素质能够帮助他们保持稳定的心态，发挥出最佳水平。

在构建运动技术体系时，还需要考虑运动项目的特点和要求。不同的运动项目对运动员的技术、战术、体能和心理素质都有不同的要求。因此，在训练过程中，教练员需要根据项目的特点来制订针对性的训练计划，帮助运动员全面提升各项能力。

同时，运动技术体系的整体构成还需要注重个体差异。每个运动员的身体条件、技术特点、性格特征都有所不同，因此在构建技术体系时，需要充分考虑个体的差异性，制定个性化的训练方案，以最大限度地发挥每个运动员的潜力。

综上所述，运动技术体系的整体构成是一个复杂而多维度的概念。它涵盖了技能、战术、体能和心理素质等多个方面，并需要根据运动项目的特点和要求以及运动员的个体差异来进行构建。通过全面而系统的提升这些方面的能力，运动员可以在比赛中取得更好的成绩，实现个人和团队的共同目标。同时，这也需要运动员和教练员在训练过程中保持开放的心态，不断学习和探索新的技术和方法，以适应不断变化的比赛环境和挑战。

二、技术要素间的协同与制约

在运动技术体系中，各个技术要素之间的协同与制约关系至关重要。它们相互作用，共同影响着运动员的技术表现和整体运动效能。以下从四个方面详细阐述技术要素间的协同与制约。

（一）动作技能的协同与制约

动作技能是运动技术体系的基础，不同技能之间的协同配合是实现高效运动表现的关键。在运动员执行技术动作时，各个技能环节需要紧密衔接，形成流畅的动作链。例如，在篮球运动中，投篮动作需要手臂、手腕、手指等多个部位的协同配合，才能完成准确的投篮。同时，不同技能之间的制约关系也需要运动员注意。某些技能可能相互干扰，影响彼此的执行效果。因此，运动员需要通过反复训练，优化技能组合，实现技能间的最佳协同。

（二）战术策略的协同与制约

战术策略是运动员在比赛中根据对手情况和比赛形势制定的行动方案。在团队运动中，不同队员之间的战术协同是实现整体战术目标的关键。例如，在足球比赛中，进攻时队员需要默契配合，传球、跑位、射门等环节需要精确到位；防守时则需要协同防守，形成有效的防线。然而，战术策略之间也存在制约关系。某些战术可能因对手的调整而失效，需要运动员灵活应变，及时调整战术策略。因此，运动员需要具备良好的战术意识和判断能力，以实现战术间的最佳协同。

（三）体能素质的协同与制约

体能素质是运动员完成技术动作和战术要求的基础。不同体能素质之间的协同作用对于运动员的整体表现至关重要。例如，力量和速度素质的结合可以使运动员在比赛中更具爆发力，耐力和灵敏素质的结合则有助于运动员在长时间比赛中保持稳定的竞技状态。然而，体能素质之间也存在着制约关系。某些素质的提升可能以牺牲其他素质为代价，如过度追求力量可能导致灵活性下降。因此，运动员需要在训练中科学安排体能素质的训练比例和强度，实现体能素质间的最佳协同。

（四）心理因素的协同与制约

心理因素在运动员的技术表现中起着不可忽视的作用。自信、专注、抗压等积极心理因素有助于运动员在比赛中发挥出最佳水平。然而，消极心理因素如紧张、焦虑等则可能对运动员的技术表现产生负面影响。因此，运动员需要学会调整自己的心理状态，保持积极的心态。同时，心理因素与其他技术要素之间也存在着协同与制约关系。例如，自信的运动员在比赛中更敢于尝试高难度动作；而焦虑则可能导致运动员技术动作变形。因此，运动员需要通过心理训练，提高心理素质，实现心理与其他技术要素间的最佳协同。

综上所述，技术要素间的协同与制约是运动技术体系中的重要组成部分。运动员需要通过反复训练和实践，优化技能组合、灵活调整战术策略、科学安排体能素质训练以及调整心理状态，实现技术要素间的最佳协同。同时，教练员和科研人员也需要深入研究技术要素间的协同与制约关系，为运动员提供更加科学、有效的训练方法和手段。通过不断的探索和实践，我们可以更好地理解和应用技术要素间的协同与制约关系，推动运动技术体系的不断发展和完善。

三、运动技术创新的系统思考

在竞技体育领域，运动技术创新是推动运动水平提升、竞技实力增强的关键因素。对运动技术创新进行系统思考，有助于我们深入理解其内涵、过程及影响，进而为运动员的训练和比赛提供更有针对性的指导。以下从三个方面对运动技术创新进行系统思考。

（一）运动技术创新的理论基础与内涵解析

运动技术创新是建立在运动生理学、运动生物力学、运动心理学等多学科理论基础之上的。这些学科为运动技术创新提供了理论支撑和方法指导，帮助我们更好地理解技术创新的原理、机制和过程。

从内涵上看，运动技术创新是对现有运动技术的改进、优化或全新创造。这包括对动作技术的精细化调整、战术策略的创新性应用、体能训练的科学化安排以及心理调控的个性化设计等方面。运动技术创新旨在提高运动员的技术水平、竞技能力和比赛成绩，推动运动项目的发展和完善。

（二）运动技术创新的过程与机制

运动技术创新的过程是一个复杂而系统的过程，涉及多个环节和要素。首先，需要对现有技术进行深入分析和评估，找出存在的问题和不足，明确技术创新的方向和目标。其次，通过实践探索和实验研究，提出新的技术理念、方法和手段。然后，将这些新的技术应用于运动员的训练和比赛中，通过反复实践和优化，逐步形成稳定、有效的技术创新成果。最后，对技术创新成果进行总结和评价，为今后的技术创新提供经验和借鉴。

在运动技术创新的过程中，机制的作用不可忽视。机制包括创新动力机制、创新保障机制和创新评估机制等。创新动力机制主要激发运动员、教练员和科研人员的创新热情和积极性；创新保障机制则为技术创新提供必要的资源和支持；创新评估机制则对技术创新成果进行客观、科学的评价，为今后的技术创新提供反馈和改进方向。

（三）运动技术创新的影响与价值

运动技术创新对运动员、运动项目以及整个竞技体育领域都产生了深远的影响。首先，技术创新有助于提高运动员的技术水平和竞技能力，使他们在比赛中更具竞争力。通过技术创新，运动员可以掌握更先进、更高效的技术动作和战术策略，提高比赛成绩和胜率。其次，技术创新有助于推动运动项目的发展和完善。通过不断优化和改进技术，运动项目可以更加符合人体运动规律，提高运动的安全性和观赏性。最后，技术创新对整个竞技体育领域的发展也具有重要意义。它可以促进不同运动项目之间的交流和融合，推动竞技体育的多元化和全面发展。

同时，运动技术创新的价值还体现在多个方面。首先，它有助于提升国家的竞技实力和国际地位。在国际赛场上，拥有先进技术的运动员往往能够取得更好的成绩，为国家争光。其次，技术创新有助于培养运动员的创新精神和创新能力。在技术创新过程中，运动员需要不断探索、尝试和实践，这有助于培养他们的创新思维和实践能力。此外，技术创新还可以促进体育产业的发展和创新。新的技术理念和手段可以为体育产业带来新的增长点和发展机遇，推动体育产业的繁荣和发展。

综上所述，运动技术创新是一个复杂而系统的过程，涉及多个方面和环节。我们需要从理论基础、过程机制以及影响价值等多个角度对其进行深入思考和研究。通过不断创新和优化技术，我们可以推动运动员的技术水平和竞技能力不断提升，推动运动项目的发展和完善，为整个竞技体育领域的繁荣和发展做出贡献。同时，我们也需要认识到技术创新过程中的挑战和困难，积极寻求解决方案和应对策略，为技术创新提供更加有力的支持和保障。

四、技术优化与整体运动效能提升

在竞技体育中，技术优化是提升整体运动效能的关键环节。通过对技术的不断精细化和完善，运动员能够在比赛中更好地发挥自身潜力，取得更好的成绩。

以下将从技术优化的重要性、技术优化的具体方法以及技术优化对整体运动效能的提升三个方面进行丰富内容的阐述。

（一）技术优化的重要性

技术优化在提升整体运动效能中扮演着至关重要的角色。首先，技术优化是运动员提高竞技水平的基础。通过不断优化技术动作，运动员能够更加高效地利用身体力量，减少能量损耗，从而在比赛中保持更好的竞技状态。其次，技术优化有助于运动员适应比赛环境的变化。不同的比赛环境对运动员的技术要求各不相同，通过技术优化，运动员可以更加灵活地应对各种挑战，发挥出最佳水平。最后，技术优化也是推动运动项目发展的重要手段。通过不断创新和完善技术，运动项目可以更加符合人体运动规律，提高比赛的观赏性和吸引力。

（二）技术优化的具体方法

技术优化的具体方法多种多样，包括动作技术的精细化调整、战术策略的创新性应用以及科技手段的辅助等。首先，动作技术的精细化调整是技术优化的基础。通过对动作技术的深入研究和分析，找出存在的问题和不足，进而进行有针对性的改进。例如，在游泳项目中，通过调整呼吸节奏和划水动作，可以提高游泳速度和耐力。其次，战术策略的创新性应用也是技术优化的重要手段。根据比赛形势和对手特点，制定合适的战术策略，可以有效地提高比赛胜率。例如，在篮球比赛中，通过合理的阵容搭配和进攻防守转换，可以打破对手的防线，取得比赛胜利。此外，科技手段的辅助也为技术优化提供了有力支持。现代科技手段如数据分析、虚拟现实等可以帮助运动员更好地了解自身技术特点，发现潜在问题，并提供个性化的训练方案。

（三）技术优化对整体运动效能的提升

技术优化对整体运动效能的提升具有显著的影响。首先，技术优化能够提高运动员的技术水平，使其在比赛中更具竞争力。通过优化技术动作和战术策略，运动员可以更加高效地发挥自身潜力，提高比赛成绩。其次，技术优化有助于提升运动员的心理素质。在技术优化过程中，运动员需要不断克服困难和挑战，这有助于培养他们的自信心和抗压能力。在比赛中，这些心理素质的提升可以使运动员更加从容应对各种情况，发挥出最佳水平。最后，技术优化还能够促进运动项目的普及和发展。通过优化技术，运动项目可以更加符合大众需求，提高参与度和观赏性。同时，技术优化也可以推动运动项目的国际化发展，增强国际竞争力。

综上所述，技术优化在提升整体运动效能中发挥着重要作用。通过精细化调整动作技术、创新性应用战术策略以及利用科技手段进行辅助，我们可以实现技术的优化和提升。这些优化措施不仅能够提高运动员的技术水平和竞技能力，还能够促进他们的心理成长和推动运动项目的普及与发展。因此，我们应该重视技术优化工作，加大投入力度，推动运动员和整个运动体系的不断进步。同时，我们也需要认识到技术优化是一个持续不断的过程，需要我们在实践中不断探索和创新，以适应不断变化的竞技环境和需求。只有这样，我们才能真正实现整体运动效能的提升，为体育事业的繁荣和发展做出更大的贡献。

第二节　运动装备与整体运动表现

一、装备设计对运动效能的影响

在竞技体育领域，装备设计对运动效能的影响日益显著。良好的装备设计能够提升运动员的表现，帮助他们达到更高的竞技水平。本节将从减轻阻力、提高抓地力、优化舒适度和个性化定制四个方面，详细阐述装备设计对运动效能的影响。

（一）减轻阻力，提升运动效率

在许多运动中，如游泳、自行车等，减少空气或水的阻力是提高运动效率的关键。装备设计在这方面发挥着至关重要的作用。例如，游泳运动员所穿的泳衣，其材质和设计都经过精心挑选和测试，以确保在水中能够最大限度地减少阻力。同样，自行车运动员的骑行服和头盔也采用了类似的设计理念，以帮助他们更快地前进。

此外,一些高科技装备还采用了特殊的涂层或纹理,以进一步减少阻力。这些设计不仅提高了运动员的速度,还降低了他们的能量消耗,从而有助于他们在比赛中保持更好的竞技状态。

(二)提高抓地力,增强稳定性

在需要快速移动和转向的运动中,如足球、篮球等,抓地力是影响运动员表现的重要因素。合适的鞋类装备能够提供足够的摩擦力,使运动员在运动中更加稳固地站立或奔跑。

一些专业的运动鞋采用了特殊的鞋底材料和设计,以增加与地面的接触面积和摩擦力。这些设计不仅提高了运动员的稳定性,还减少了因滑倒或摔倒而导致的受伤风险。

(三)优化舒适度,提升运动体验

舒适度是装备设计中不可忽视的一个方面。运动员在比赛中需要长时间穿着装备,如果装备不舒适,将会影响他们的运动表现和心情。

因此,装备设计师需要充分考虑运动员的身体特点和运动需求,选择柔软、透气、吸汗的材质,以及符合人体工程学的设计。例如,一些运动服装采用了快干面料,能够在运动员出汗时迅速将汗水排出,保持身体干爽舒适。此外,一些装备还配备了可调节的束带和衬垫,以适应不同运动员的身体形态和运动习惯。

通过优化舒适度,装备设计能够提升运动员的运动体验,使他们更加专注于比赛本身,发挥出最佳水平。

(四)个性化定制,满足特殊需求

每个运动员的身体特点、运动习惯和竞技水平都有所不同,因此他们对装备的需求也各不相同。个性化定制是解决这一问题的有效途径。

通过个性化定制,装备设计师可以根据运动员的具体需求,为他们量身打造合适的装备。例如,一些运动员可能需要特殊的鞋垫或护具来纠正身体姿势或预防受伤，一些运动员则可能需要轻便的装备以减轻负重。通过定制这些装备，设计师能够最大限度地满足运动员的需求，帮助他们提升运动效能。

此外，个性化定制还能够体现运动员的个性和风格。一些运动员喜欢选择独特的颜色、图案或标志来装饰他们的装备，以展示自己的个性和特点。这种定制化的装备不仅能够提升运动员的自信心和归属感，还能够增加他们在比赛中的辨识度和关注度。

综上所述，装备设计对运动效能的影响是多方面的。通过减轻阻力、提高抓地力、优化舒适度和个性化定制等设计手段，装备设计能够提升运动员的表现和竞技水平，为他们在比赛中取得更好的成绩提供有力支持。因此，我们应该重视装备设计在竞技体育中的作用，不断研究和探索新的设计理念和技术手段，为运动员提供更加优质的装备和服务。

二、运动装备与运动员身体机能的匹配

运动装备与运动员身体机能的匹配是提升运动表现的关键因素。合理的装备选择和使用能够充分发挥运动员的潜能，减少运动损伤，提高运动效率。以下从四个方面详细阐述运动装备与运动员身体机能的匹配。

（一）运动装备与身体形态的匹配

运动员的身体形态各异，不同的体型和身材比例对运动装备的需求也有所不同。例如，身材高大的篮球运动员需要选择具有足够支撑力和稳定性的篮球鞋，以确保在快速移动和跳跃时能够保持平衡和稳定。而身材较矮的短跑运动员则可能更需要轻便、灵活的跑鞋，以充分发挥他们的速度和爆发力。

此外，运动员的体重也是选择装备时需要考虑的因素。较重的运动员需要选择承重能力更强的装备，以减轻运动对身体的负担；而较轻的运动员则可以选择更轻便的装备，以提高运动的灵活性和敏捷性。

（二）运动装备与运动需求的匹配

不同的运动项目对运动装备的需求各不相同。例如，足球运动员需要选择具有良好抓地力和支撑力的足球鞋，以确保在快速奔跑和急停转身时能够保持

稳定。而游泳运动员则需要选择紧身、阻力小的泳衣，以减少水中的阻力，提高游泳速度。

此外，运动装备还需要根据运动员的竞技水平和训练需求进行匹配。对高水平运动员来说，他们可能需要更专业、更高端的装备来支持他们的训练和比赛；而对初学者或业余运动员来说，他们可能更注重装备的舒适性和实用性。

（三）运动装备与生理特点的匹配

运动员的生理特点也是选择装备时需要考虑的重要因素。例如，一些运动员可能具有特殊的皮肤类型或过敏史，因此他们需要选择对皮肤友好、不易引起过敏的材质。此外，运动员的呼吸系统和循环系统状况也需要考虑在内，以确保装备不会对这些系统造成不必要的负担。

在选择运动装备时，运动员应该关注装备的透气性、吸湿性和保暖性等功能特点。这些特点能够帮助运动员在运动中保持舒适，减少因环境因素导致的身体不适。

（四）运动装备与心理需求的匹配

除了身体机能的需求外，运动员的心理需求也是选择装备时需要考虑的因素。一些运动员可能更注重装备的外观和品牌形象，因为这些因素能够影响他们的自信心和比赛心态。因此，运动装备设计师在设计产品时，需要充分考虑运动员的心理需求，提供多样化的外观和颜色选择，以及符合运动员个性的品牌形象。

此外，运动装备还可以为运动员提供安全感和自信心。例如，一些专业的运动护具能够提供额外的保护，减少运动员在运动中受伤的风险。这种安全保障能够增强运动员的信心，使他们更加专注于比赛本身。

综上所述，运动装备与运动员身体机能的匹配是一个复杂而重要的过程。运动员需要根据自己的身体形态、运动需求、生理特点和心理需求来选择合适的装备。同时，运动装备设计师也需要不断研究和创新，为运动员提供更加符合他们身体机能和心理需求的装备产品。通过合理的装备匹配，运动员可以充分发挥自己的潜能，提高运动表现，实现更好的竞技成绩。

三、智能化装备在提升运动表现中的作用

随着科技的飞速发展，智能化装备在体育运动领域的应用日益广泛。这些装备不仅为运动员提供了更为精准的数据分析，还通过实时反馈和个性化建议，帮助他们优化训练计划，提高运动表现。以下将从四个方面详细阐述智能化装备在提升运动表现中的作用。

（一）精准数据监测与分析，科学指导训练

智能化装备通过内置传感器和算法，能够实时监测运动员的运动数据，如速度、距离、心率、力量等。这些数据经过处理和分析后，可以为教练和运动员提供关于运动表现、体能状态、技术特点等方面的详细信息。通过这些数据，教练可以更加准确地评估运动员的训练效果，发现存在的问题和不足，从而制订更为科学的训练计划。

同时，智能化装备还可以根据运动员的个体特点和需求，提供个性化的训练建议。例如，针对某个运动员的跑步姿势问题，装备可以分析其步幅、步频、着地方式等数据，并提出相应的改进建议。这种个性化的指导方式有助于运动员更快地纠正错误，提高运动效率。

（二）实时反馈与调整，优化运动策略

智能化装备能够在运动员训练过程中提供实时反馈，帮助他们及时调整运动策略。例如，在比赛中，运动员可以根据装备提供的心率、血氧等生理指标数据，判断自己的体能状态，从而调整比赛节奏和战术安排。这种实时反馈机制有助于运动员在关键时刻做出更为合理的决策，提高比赛成绩。

此外，智能化装备还可以通过与其他设备的连接，实现更为全面的监测和分析。例如，通过连接心率监测器和智能手环，运动员可以全面了解自己的心率变化、睡眠质量等信息，从而更好地调整训练和休息计划。

（三）预防运动损伤，提高运动安全性

智能化装备在预防运动损伤方面发挥着重要作用。通过监测运动员的运动数据和生理指标，装备能够及时发现潜在的运动风险，如肌肉疲劳、关节压力

过高等。当这些数据出现异常时，装备会发出警报，提醒运动员和教练采取相应的措施，避免运动损伤的发生。

此外，一些智能化装备还具备智能防护功能。例如，智能护膝、护腕等装备可以通过内置传感器和算法，感知运动员的运动状态和姿势，当运动员即将做出可能导致损伤的动作时，装备会自动调整支撑力度，减少损伤风险。

（四）提升运动员自信心和竞技状态

智能化装备的应用不仅有助于运动员在技术和体能方面取得进步，还能提升他们的自信心和竞技状态。通过实时反馈和数据分析，运动员可以更加清晰地了解自己的运动表现和进步情况，从而增强自信心和动力。同时，智能化装备还能为运动员提供更为丰富的竞技体验，如虚拟现实训练、智能对战等，使他们在训练中感受到更多的乐趣和挑战。

此外，智能化装备还可以帮助运动员更好地管理自己的情绪和压力。在比赛过程中，运动员可以通过装备监测自己的心率、呼吸等生理指标，了解自己的情绪状态，并采取相应的调节措施，保持冷静和专注。这种情绪管理能力的提升有助于运动员在关键时刻保持最佳竞技状态，发挥出最佳水平。

综上所述，智能化装备在提升运动表现中发挥着重要作用。通过精准数据监测与分析、实时反馈与调整、预防运动损伤以及提升运动员自信心和竞技状态等方面的应用，智能化装备为运动员提供了更为全面、科学的训练支持，帮助他们实现更好的运动表现。未来，随着科技的不断进步和应用领域的不断拓展，智能化装备在体育运动领域的作用将更加凸显。

四、装备选择与整体运动策略的协调

在体育运动中，装备的选择与整体运动策略的协调至关重要。合适的装备能够提升运动员的表现，而错误的装备选择则可能阻碍运动员的发挥。因此，运动员在制定运动策略时，必须充分考虑装备的选择，确保两者之间的协调一致。以下将从四个方面探讨装备选择与整体运动策略的协调问题。

（一）装备选择需符合运动项目的特点

不同的运动项目对装备的需求各不相同。因此，运动员在选择装备时，首先要考虑运动项目的特点。例如，篮球运动员需要选择具有良好支撑性和稳定性的篮球鞋，以便在快速移动和跳跃时保持平衡；而游泳运动员则需要选择紧身、阻力小的泳衣，以减少水中的阻力。此外，一些高风险的运动项目，如攀岩、滑雪等，还需要选择专业的防护装备，确保运动员的安全。

在选择装备时，运动员还需要关注装备的材质、设计和功能等方面。优质的材质能够保证装备的耐用性和舒适性，合理的设计能够提升装备的性能，而多样的功能则能够满足运动员在比赛中的不同需求。因此，运动员在选择装备时，应该根据运动项目的特点，综合考虑这些因素，选择最适合自己的装备。

（二）装备选择需适应个人身体条件

每个运动员的身体条件都有所不同，因此在选择装备时，还需要考虑个人的身体特点。例如，身材高大的运动员可能需要选择尺码较大的装备，以确保装备能够完全覆盖身体；而体重较重的运动员则需要选择承重能力更强的装备，以避免装备在运动中变形或损坏。

此外，运动员还需要根据自己的运动习惯和体能状况来选择装备。例如，一些运动员可能更喜欢轻便的装备，以便在比赛中保持灵活性和速度；而另一些运动员则可能更注重装备的支撑性和稳定性，以减少运动损伤的风险。因此，在选择装备时，运动员应该充分了解自己的身体条件和需求，选择最适合自己的装备。

（三）装备选择需与训练计划相匹配

运动员的训练计划是提升运动表现的关键因素。在选择装备时，运动员需要考虑训练计划的目标和内容，确保装备能够满足训练需求。例如，在进行力量训练时，运动员需要选择能够提供足够支撑和保护的装备，以减少运动损伤的风险；而在进行有氧训练时，运动员则需要选择轻便、透气的装备，以保持舒适的运动状态。

此外，运动员在备战不同比赛时，也需要根据比赛的特点和需求来调整装备选择。例如，在备战室内比赛时，运动员可能需要选择适合室内环境的装备；而在备战户外比赛时，则需要选择能够适应户外环境的装备。因此，运动员在制订训练计划和备战比赛时，应该充分考虑装备的选择，确保装备与训练计划和比赛需求相匹配。

（四）装备选择与整体运动策略的融合

整体运动策略是运动员在比赛中取得好成绩的关键。在选择装备时，运动员需要将装备选择与整体运动策略相结合，确保两者之间的协调一致。例如，在篮球比赛中，运动员的整体运动策略可能包括快速反击、外线投篮等。在选择篮球鞋时，运动员就需要选择能够提供快速启动和支撑跳跃的鞋款，以配合整体运动策略的执行。

此外，运动员还需要根据比赛中的实际情况来调整装备选择。例如，在比赛中发现对手的动作较快时，运动员可能需要选择更加轻便、灵活的装备，以便更好地应对对手的攻击。因此，运动员在比赛中需要保持灵活的思维和应变能力，根据实际情况调整装备选择，以确保整体运动策略的有效执行。

综上所述，装备选择与整体运动策略的协调是运动员在比赛中取得好成绩的重要保障。运动员在选择装备时，需要充分考虑运动项目的特点、个人身体条件、训练计划和整体运动策略等因素，确保装备与这些因素之间的协调一致。通过合理的装备选择和与整体运动策略的融合，运动员能够充分发挥自己的潜力，提升运动表现，取得更好的成绩。

第三节 运动工程对整体观的贡献

一、运动工程原理在整体运动设计中的应用

运动工程原理作为科学理论的基础，在整体运动设计中扮演着至关重要的角色。它通过对运动过程的深入研究，为运动设计提供了科学的指导和支持。以下将从四个方面详细探讨运动工程原理在整体运动设计中的应用。

（一）力学原理在运动设计中的应用

力学原理是运动工程的基础，它涉及力的产生、传递和平衡等方面。在整体运动设计中，力学原理的应用无处不在。例如，在运动员的动作设计中，需要根据力学原理合理安排身体各部分的用力顺序和力度，以实现高效、协调的运动。此外，在运动装备的设计中，也需要考虑力学原理，如鞋底的防滑设计、运动器材的承重能力等，以确保运动员在运动过程中的安全和稳定。

（二）生物力学原理在运动设计中的应用

生物力学是研究生物体在运动过程中的力学特性的科学。在整体运动设计中，生物力学原理的应用有助于更好地了解运动员的身体特点和运动规律，从而设计出更符合运动员需求的运动方案。例如，通过对运动员身体结构的分析，可以制订出符合其身体特点的个性化训练计划；通过对运动员运动过程中的肌肉用力情况的研究，可以优化运动动作，减少运动损伤的风险。

（三）动力学原理在运动设计中的应用

动力学原理主要研究物体的运动状态及其变化规律。在整体运动设计中，动力学原理的应用有助于预测和调控运动员的运动状态，实现运动效果的最优化。例如，在田径项目中，通过对运动员起跑、加速、冲刺等阶段的动力学分析，可以制定出更加科学的训练方法和比赛策略；在游泳项目中，通过对运动员在水中的运动状态的研究，可以优化游泳姿势和呼吸方式，提高游泳速度。

（四）系统工程原理在运动设计中的应用

系统工程原理强调整体性和协调性，在整体运动设计中具有重要的应用价值。通过将运动员、运动装备、训练环境等要素视为一个系统，运用系统工程原理进行综合分析和优化，可以实现运动设计的整体性和协调性。例如，在制订训练计划时，需要综合考虑运动员的体能、技术、心理等多方面的因素，确保训练计划的科学性和有效性；在选择比赛场地时，需要考虑场地的设施、气候等条件对运动员的影响，确保比赛场地的适宜性。

此外，系统工程原理还可以用于运动设计的持续改进和优化。通过对运动设计过程中的各个环节进行监控和评估，及时发现并解决问题，可以不断完善运动设计方案，提高运动设计的质量和效率。

综上所述，运动工程原理在整体运动设计中具有广泛的应用价值。通过合理运用力学原理、生物力学原理、动力学原理和系统工程原理等运动工程原理，可以制定出更加科学、合理、有效的运动设计方案，为运动员的训练和比赛提供有力的支持和保障。同时，随着科学技术的不断发展和进步，运动工程原理的应用也将不断拓展和深化，为运动设计领域带来更多的创新和突破。

二、工程技术在优化运动表现中的实践

随着工程技术的不断进步与创新，其在优化运动表现方面的应用日益广泛。工程技术通过精确的数据分析、个性化的装备设计以及创新的训练方法，为运动员提供了更高效的训练手段，从而提升了他们的运动表现。以下将从四个方面详细探讨工程技术在优化运动表现中的实践。

（一）运动数据分析与个性化训练方案制定

工程技术中的数据分析技术为运动员的训练提供了强大的支持。通过收集运动员在训练中的各项数据，如速度、力量、耐力、反应时间等，工程技术可以对其进行深入的分析，发现运动员的优势与不足，从而制定出个性化的训练方案。例如，针对某个短跑运动员的起跑反应较慢的问题，工程技术可以通过分析数据，找出起跑动作中的不足，并提出相应的改进建议。这种个性化的训练方案能够更好地满足运动员的需求，提高训练效果。

（二）高性能运动装备的研发与应用

工程技术在运动装备的研发方面发挥了重要作用。通过应用新材料、新工艺和新技术，工程技术可以研发出更加轻便、舒适、耐用的运动装备，提高运动员的运动表现。例如，采用轻量化材料制作的跑鞋能够减轻运动员的负重，提高跑步速度；而智能运动服装则可以通过监测运动员的生理指标，为教练提供实时反馈，帮助他们更好地调整训练计划。这些高性能的运动装备不仅提升了运动员的竞技水平，还为他们提供了更好的运动体验。

（三）虚拟现实与增强现实技术在运动训练中的应用

虚拟现实（VR）和增强现实（AR）技术是工程技术领域的新兴技术，它们在运动训练中的应用为运动员提供了全新的训练方式。通过构建虚拟的运动场景，VR技术可以让运动员在模拟的环境中进行训练，提高他们的适应能力和应对能力。而AR技术则可以将虚拟信息与现实世界相结合，为运动员提供实时的指导和反馈。例如，在篮球训练中，VR技术可以模拟比赛场景，让运动员在虚拟环境中进行实战演练；而AR技术则可以在运动员进行投篮练习时，实时显示投篮姿势和力度等信息，帮助他们调整动作，提高投篮命中率。

（四）运动生物力学与动力学分析在优化动作技术中的应用

运动生物力学和动力学分析是工程技术在运动训练中的另一个重要应用。通过对运动员的动作进行生物力学和动力学分析，可以深入了解运动员在运动过程中的肌肉用力情况、关节运动轨迹等信息，从而发现动作技术中的不足并提出改进建议。例如，在游泳训练中，通过对运动员的游泳动作进行生物力学分析，可以发现游泳姿势和呼吸方式等方面的问题，进而提出针对性的改进方案。这种基于工程技术的动作技术优化方法能够显著提高运动员的运动效率和竞技水平。

综上所述，工程技术在优化运动表现中的实践涵盖了多个方面。通过运用数据分析、高性能装备研发、虚拟现实与增强现实技术以及运动生物力学与动力学分析等工程技术手段，可以制定出更加科学、个性化的训练方案，提高运动员的训练效果和竞技水平。未来，随着工程技术的不断发展和创新，相信其在优化运动表现方面的应用将会更加广泛和深入。

三、运动工程对运动员身体保护的贡献

运动工程作为一门综合性的学科，不仅关注运动员的运动表现和训练效果，还致力于运动员的身体保护和健康管理。通过科学的工程设计和技术应用，运动工程为运动员提供了全方位的身体保护，有效预防和减少了运动损伤的发生，延长了运动员的运动寿命。以下将从四个方面详细探讨运动工程对运动员身体保护的贡献。

（一）运动装备设计与身体保护的融合

运动装备是运动员在训练和比赛中不可或缺的一部分，其设计直接关系着运动员的身体安全和健康。运动工程通过深入研究运动员的身体结构和运动特点，设计出符合人体工学的运动装备，为运动员提供最大限度的身体保护。例如，专业的运动鞋根据运动员的足型、步态和运动需求进行个性化设计，能够提供良好的支撑和缓冲，减少脚部和关节的受力，降低运动损伤的风险。同时，运动装备的材料选择也十分重要，优质的材料能够确保装备的耐用性和舒适性，为运动员提供更加安全的运动环境。

（二）运动场地设计与运动员身体保护的关联

运动场地是运动员进行训练和比赛的重要场所，其设计质量直接影响着运动员的身体状况。运动工程在运动场地设计方面注重运动员的身体保护，通过合理的布局、防滑处理和缓冲设计等措施，为运动员创造一个安全、舒适的运动环境。例如，在田径场地设计中，跑道的材质和坡度需要精确控制，以确保运动员在跑动过程中受力均匀，减少运动损伤的可能性。此外，运动场地还需要考虑运动员的视觉感受和心理状态，通过合理的色彩搭配和景观设计，为运动员营造一个积极向上的运动氛围。

（三）运动损伤预防与康复技术的创新应用

运动损伤是运动员在训练和比赛中难以避免的问题，而运动工程在损伤预防和康复技术方面发挥着重要作用。通过深入研究运动损伤的机理和发生规律，运动工程为运动员提供了科学的损伤预防方法。例如，通过制订科学的训练计划和热身活动，减少运动员在运动中的受力冲击；通过运用先进的生物力学分析技术，发现运动员动作中的不足并进行纠正，降低运动损伤的风险。同时，运动工程还致力于康复技术的创新应用，通过物理疗法、康复训练和再生医学等手段，帮助运动员快速恢复身体健康，缩短康复周期，减少因伤停训或退役的情况。

（四）运动生理监测与个性化健康管理

运动生理监测是运动工程对运动员身体保护的重要手段之一。通过实时监测运动员的生理指标，如心率、血压、血氧饱和度等，运动工程能够全面了解运动员的身体状况和运动状态，及时发现潜在的健康问题并进行干预。这有助于预防运动员因过度疲劳或疾病而导致的运动损伤，保障他们的身体健康。同时，运动工程还根据运动员的个体差异，制定个性化的健康管理方案。通过调整训练计划、营养摄入和作息时间等，为运动员提供全方位的健康保障，帮助他们保持良好的身体状态，提高运动表现。

综上所述，运动工程在运动员身体保护方面发挥着不可替代的作用。通过运动装备设计与身体保护的融合、运动场地设计与运动员身体保护的关联、运动损伤预防与康复技术的创新应用以及运动生理监测与个性化健康管理等手段，运动工程为运动员提供了全方位的身体保护，帮助他们保持健康、延长运动寿命，实现更好的运动表现。随着科技的不断进步和创新，相信运动工程在运动员身体保护方面的贡献将会更加显著。

四、工程方法在运动损伤预防中的应用

运动损伤是运动员在训练和比赛过程中常见的问题，它不仅影响着运动员的身体健康，还可能对其职业生涯造成重大影响。工程方法作为一种科学的技术手段，其在运动损伤预防中的应用日益受到重视。通过运用先进的工程方法，可以有效地降低运动损伤的风险，保护运动员的身体健康。以下将从四个方面详细探讨工程方法在运动损伤预防中的应用。

（一）生物力学分析与运动损伤预防

生物力学是工程方法在运动损伤预防中的重要应用之一。通过对运动员的动作进行生物力学分析，可以深入了解运动员在运动过程中的肌肉用力情况、关节运动轨迹等信息，从而发现动作技术中的不足并提出改进建议。例如，在篮球运动中，通过对投篮动作的生物力学分析，可以发现投篮姿势和力量传递方面的问题，进而调整动作技术，减少因动作不规范而导致的运动损伤。此外，生物力学分析还可以用于评估运动员的身体素质，如柔韧性、平衡能力等，为制订个性化的训练计划提供依据，从而预防因身体素质不足而引发的运动损伤。

（二）运动装备优化与运动损伤预防

运动装备是运动员在训练和比赛中的必需品，其质量和设计直接关系到运动员的身体安全。工程方法在运动装备优化方面发挥着重要作用。通过运用新材料、新工艺和新技术，可以研发出更加符合运动员需求、具有更好保护性能的运动装备。例如，采用高强度材料和缓冲技术的护具可以有效地减少关节受到的冲击，降低运动损伤的风险；智能运动鞋可以通过监测运动员的步态和受力情况，为教练提供反馈，帮助他们调整训练计划，预防运动损伤的发生。

（三）运动场地设计与运动损伤预防

运动场地是运动员进行训练和比赛的重要场所，其设计质量直接关系到运动员的安全。工程方法在运动场地设计中的应用主要体现在防滑、缓冲和照明等方面。通过采用防滑材料和合理设计排水系统，可以确保运动员在潮湿或雨天条件下仍能保持稳定的运动状态，减少因滑倒而导致的运动损伤；通过采用弹性材料和减震设计，可以减少运动员在运动中受到的冲击力，降低运动损伤的风险；同时，合理的照明设计也可以提高运动员的视觉舒适度，减少因视觉疲劳引发的运动损伤。

（四）运动监测与数据分析在运动损伤预防中的应用

运动监测与数据分析是工程方法在运动损伤预防中的又一重要应用。通过运用传感器、摄像头等监测设备，可以实时收集运动员在训练和比赛中的运动数据，如速度、加速度、角度等。通过对这些数据进行深入的分析和挖掘，可以了解运动员的运动状态、技术特点和潜在风险，从而及时发现和预防运动损伤。例如，通过对运动员的步态数据进行分析，可以发现步态异常或受力不均的情况，进而调整训练计划或提供个性化的矫正建议；通过对运动员的心率、血氧饱和度等生理指标进行监测，可以评估运动员的身体状况和运动负荷，避免过度疲劳和运动损伤的发生。

综上所述，工程方法在运动损伤预防中的应用具有广泛而深远的意义。通过生物力学分析、运动装备优化、运动场地设计以及运动监测与数据分析等手段，可以有效地降低运动损伤的风险，保护运动员的身体健康。未来，随着科技的不断进步和创新，相信工程方法在运动损伤预防中的应用将会更加深入和广泛，为运动员的安全和健康提供更加坚实的保障。

第四节　数字化技术在整体观研究中的应用

一、数字化技术在运动数据收集中的应用

随着科技的飞速发展，数字化技术逐渐渗透运动领域的各个角落，为运动数据的收集提供了全新的视角和工具。运动数据收集不再局限于传统的、简单的统计方式，而是变得更为精准、全面和高效。下面将从四个方面详细探讨数字化技术在运动数据收集中的应用。

（一）高精度传感器技术的应用与数据收集的精准化

高精度传感器是数字化技术在运动数据收集中的关键应用之一。这些传感器能够实时捕捉运动员在训练或比赛中的各项生理和动作数据，如心率、呼吸频率、步幅、速度等。这些数据的精确性得益于传感器技术的不断进步，使得收集到的数据更加接近真实情况，为教练和运动员提供了更为准确的反馈。

通过高精度传感器，教练可以了解运动员在训练中的即时状态，及时调整训练计划，避免运动员因过度训练而受伤。同时，运动员也可以根据收集到的数据，了解自己的运动表现和不足之处，从而进行有针对性的改进。

（二）可穿戴设备的发展与数据收集的便携化

可穿戴设备是数字化技术在运动数据收集中的又一重要应用。这些设备通常具备轻便、便携的特点，能够方便地集成到运动员的装备中，实时收集并传输数据。

智能手环、智能手表等设备可以实时监测运动员的心率、睡眠质量等生理指标，帮助教练和运动员了解运动员的身体状况，制订更科学的训练计划。此外，一些专业的运动装备，如智能运动鞋、智能运动衣等，也可以收集运动员的动

作数据，为技术分析提供支持。

可穿戴设备的普及使得数据收集变得更加便捷，教练和运动员可以随时随地获取运动员的运动数据，及时进行分析和调整。

（三）视频分析技术的创新与数据收集的全面化

视频分析技术是数字化技术在运动数据收集中的又一创新应用。通过高清摄像头和专业的视频分析软件，教练可以对运动员的训练和比赛过程进行详细的记录和分析。

视频分析技术不仅可以记录运动员的动作轨迹和速度等基本信息，还可以通过分析运动员的肌肉发力情况、动作协调性等技术细节，为教练提供更为全面、深入的数据支持。同时，通过对比不同时间段或不同比赛中的视频数据，教练还可以发现运动员的技术进步和存在的问题，从而制订更具针对性的训练计划。

此外，视频分析技术还可以应用于运动员的竞技状态评估和心理分析等方面，为运动员的全面发展提供有力支持。

（四）云计算与大数据技术的融合与数据处理的智能化

云计算和大数据技术的融合为运动数据收集提供了强大的后端支持。云计算技术使得运动数据的存储和传输变得更加高效和安全，而大数据技术则可以对海量的运动数据进行深度挖掘和分析，发现数据之间的关联和规律。

通过云计算平台，教练和运动员可以随时随地访问存储在云端的数据，进行实时分析和比较。大数据技术则可以对这些数据进行智能化的处理和分析，提供有价值的洞察和建议。例如，通过对运动员的历史数据进行挖掘和分析，可以发现运动员在不同训练阶段的身体变化和表现差异；通过对比赛数据的分析，可以预测对手的比赛策略和运动员的竞技状态等。

云计算与大数据技术的融合不仅提高了数据处理的速度和准确性，还为教练和运动员提供了更为全面、深入的数据支持，有助于推动运动训练和比赛水平的不断提升。

综上所述，数字化技术在运动数据收集中的应用涵盖了高精度传感器技术、可穿戴设备、视频分析技术以及云计算与大数据技术等多个方面。这些技术的应用使得运动数据收集变得更加精准、便携、全面和智能,为教练和运动员提供了更为丰富、有价值的数据支持。未来,随着科技的进一步发展,数字化技术在运动数据收集中的应用将更加广泛和深入,为运动领域带来更多的创新和突破。

二、大数据在整体运动分析中的作用

随着信息技术的迅猛发展,大数据已经成为当今社会的热门话题,其在各个领域的应用也日益广泛。在运动分析领域,大数据同样发挥着不可或缺的作用。下面将从四个方面详细探讨大数据在整体运动分析中的作用。

(一)数据收集与整合:构建全面的运动数据库

大数据技术的首要作用在于收集和整合运动领域的大量数据。这些数据涵盖了运动员的生理指标、训练记录、比赛成绩等多个方面。通过构建全面的运动数据库,研究人员和教练可以方便地获取所需信息,为后续的分析和决策提供数据支持。

在数据收集过程中,大数据技术能够实现对多种来源的数据进行高效整合。无论是运动员佩戴的可穿戴设备生成的数据,还是比赛现场的实时录像,甚至是社交媒体上的用户反馈,都可以被大数据系统所捕获和整合。这种全面性和实时性的数据收集方式,使得运动分析更加精准和高效。

(二)运动员个人分析:提升训练效果和竞技水平

通过对运动员个人数据的分析,大数据可以帮助教练和运动员深入了解运动员的体能状况、技术特点和竞技状态。基于这些数据,教练可以制订个性化的训练计划,针对运动员的薄弱环节进行有针对性的训练。同时,运动员也可以根据自己的数据反馈,调整训练节奏和强度,以达到最佳的竞技状态。

此外,大数据还可以用于预测运动员的潜在表现。通过对历史数据的挖掘和分析,研究人员可以找出影响运动员表现的关键因素,并据此预测运动员在未来的比赛中可能取得的成绩。这种预测分析有助于教练和运动员制定更加合理的比赛策略,提升竞技水平。

（三）团队分析与战术制定：优化团队配合和竞技策略

在团队运动中，大数据同样发挥着重要作用。通过对球队或运动队的整体数据进行分析，教练可以了解球队在比赛中的表现、优势和劣势。同时，通过对不同球员或队员的数据进行比较，教练可以找出球队内部的最佳组合和配合方式，优化球队的整体表现。

在战术制定方面，大数据也提供了有力的支持。通过对历史比赛数据的挖掘和分析，教练可以找出对手的战术特点和弱点，从而制定出针对性的战术策略。这种基于数据的战术制定方式，使得教练的决策更加科学、合理和有效。

（四）运动伤害预防与康复：提升运动员的健康水平

大数据在运动伤害预防和康复方面也发挥着重要作用。通过对大量运动员的运动数据和伤害数据进行分析，研究人员可以找出运动伤害的发生规律和潜在风险因素。基于这些发现，教练和运动员可以制定相应的预防措施，降低运动伤害的发生率。

同时，大数据还可以用于指导运动员的康复过程。通过对运动员的康复数据进行实时监测和分析，教练和医疗人员可以了解运动员的恢复情况，调整康复计划，确保运动员能够尽快恢复到最佳状态。

综上所述，大数据在整体运动分析中的作用体现在数据收集与整合、运动员个人分析、团队分析与战术制定以及运动伤害预防与康复等多个方面。通过充分利用大数据技术，我们可以更加全面、深入地了解运动领域的各个方面，为提升运动员的训练效果和竞技水平提供有力的支持。

然而，大数据在运动分析中的应用也面临着一些挑战和限制，如数据质量、隐私保护、算法准确性等问题。因此，在利用大数据进行运动分析时，我们需要充分考虑这些因素，确保数据的准确性和可靠性，同时保护运动员的隐私权益。随着技术的不断进步和方法的不断完善，相信大数据在整体运动分析中的作用将会进一步得到发挥和提升。

三、人工智能在整体运动训练中的应用

随着科技的飞速进步,人工智能(AI)技术逐渐渗透各个领域,包括运动训练。AI以其强大的数据处理能力、学习优化能力和自动化特性,为运动训练带来了革命性的变革。下面将从五个方面详细探讨人工智能在整体运动训练中的应用。

(一)个性化训练计划的制订与实施

传统的训练计划往往基于教练的经验和运动员的一般情况制定,而人工智能可以通过对运动员的生理数据、技术特点、心理状态等多维度信息进行深度分析,为每位运动员制订个性化的训练计划。这些计划不仅考虑到运动员的当前状态,还能预测其未来的发展趋势,从而确保训练的科学性和有效性。

在实施过程中,人工智能可以实时监测运动员的训练情况,对训练效果进行量化评估,并根据反馈结果对训练计划进行动态调整。这种个性化的训练方式可以最大限度地发挥运动员的潜力,提高其训练效率和竞技水平。

(二)技术动作的优化与改进

运动技术动作的规范性和准确性对于运动员的表现至关重要。人工智能可以通过视频分析技术,对运动员的技术动作进行精细化评估,找出存在的问题和不足。同时,基于深度学习和模式识别技术,AI还可以为运动员提供针对性的改进建议,帮助其优化技术动作,提高竞技表现。

此外,人工智能还可以模拟运动员的运动过程,进行虚拟训练。这种训练方式可以在不增加运动员身体负担的情况下,提高其技术动作的熟练度和稳定性。

(三)运动损伤的预防与康复

运动损伤是运动员面临的一大挑战,而人工智能在预防和康复方面发挥着重要作用。通过实时监测运动员的身体状态和运动数据,AI可以预测运动员可能发生的损伤风险,并提前采取预防措施。一旦发生损伤,AI还可以为运动员提供个性化的康复计划,加速其恢复过程。

在康复过程中,人工智能还可以利用虚拟现实技术,为运动员创建模拟训

练环境，使其在康复期间保持一定的运动量和训练强度，避免肌肉萎缩和体能下降。

（四）比赛策略的制定与调整

在比赛中，制定合理有效的策略对于取得胜利至关重要。人工智能可以通过分析对手的历史数据、技术特点、战术风格等信息，为运动员制定针对性的比赛策略。同时，AI还可以实时监测比赛过程，对比赛形势进行动态评估，并根据需要调整策略。

此外，人工智能还可以模拟比赛场景，进行虚拟对抗训练。这种训练方式可以帮助运动员熟悉比赛节奏和对手特点，提高其在比赛中的应变能力和心理素质。

（五）运动员心理状态的监测与调节

心理状态对于运动员的表现同样具有重要影响。人工智能可以通过分析运动员的面部表情、声音特征、生理反应等信息，实时监测其心理状态变化。当运动员出现紧张、焦虑等不良情绪时，AI可以为其提供心理疏导和调节建议，帮助其保持稳定的心理状态。

同时，人工智能还可以利用虚拟现实技术，为运动员创建放松和调节的场景，如宁静的海滩、优美的自然风光等。这些场景可以帮助运动员缓解压力、放松心情，提高其心理韧性。

综上所述，人工智能在整体运动训练中的应用涵盖了个性化训练计划的制订与实施、技术动作的优化与改进、运动损伤的预防与康复、比赛策略的制定与调整以及运动员心理状态的监测与调节等多个方面。这些应用不仅提高了运动训练的科学性和有效性，还为运动员提供了更加全面、个性化的支持。随着技术的不断进步和应用场景的拓展，相信人工智能在未来将在运动训练中发挥更加重要的作用。

四、数字化技术在整体运动优化中的前景

随着科技的不断发展，数字化技术在整体运动优化中扮演着越来越重要的角

色。其应用不仅提升了运动训练的科学性和效率，也为运动员提供了更加个性化和精准的支持。下面将从三个方面探讨数字化技术在整体运动优化中的前景。

（一）数据采集与精准分析

数字化技术的核心在于数据采集与精准分析。传统的运动训练往往依赖于教练的经验和运动员的自我感知，而数字化技术则可以通过各种智能设备实时采集运动员的生理数据、运动轨迹、技术动作等信息。这些数据经过云端处理和分析，能够为教练和运动员提供详细的反馈和建议。

例如，智能手环和智能手表可以监测运动员的心率、步数、消耗的卡路里等生理指标；运动眼镜和智能鞋可以记录运动员的运动轨迹和技术动作。通过这些数据，教练可以更加准确地评估运动员的训练状态，制订个性化的训练计划，提高训练效果。

同时，数字化技术还可以对运动员的技术动作进行精细化分析。通过视频分析和模式识别技术，教练可以找出运动员技术动作中的不足，并给出针对性的改进建议。这种基于数据的分析方式比传统的肉眼观察更加客观和准确，有助于运动员更快地提升技术水平。

（二）智能化训练与个性化指导

数字化技术的另一个重要应用是智能化训练和个性化指导。基于大数据和人工智能算法，数字化技术可以根据运动员的实际情况和需求，为其制订个性化的训练计划和指导建议。

例如，AI可以根据运动员的体能状况、技术特点、心理状态等信息，为其推荐合适的训练项目和强度；同时，AI还可以根据运动员的训练数据和反馈结果，自动调整训练计划，确保其始终保持在最佳的训练状态。

此外，数字化技术还可以为运动员提供智能化的指导和建议。通过语音识别和自然语言处理技术，运动员可以与智能设备进行交互，获取关于训练、比赛、营养等方面的建议。这种智能化的指导方式不仅方便快捷，而且可以根据运动员的需求进行实时更新和调整。

（三）健康管理与运动康复

数字化技术在健康管理与运动康复方面也发挥着重要作用。通过实时监测和分析运动员的生理数据和运动状态，数字化技术可以帮助教练和运动员及时发现潜在的健康问题，并采取相应的预防和康复措施。

例如，智能设备可以监测运动员的心率变异性、睡眠质量等生理指标，从而预测其可能面临的健康风险；同时，AI 还可以根据运动员的康复需求和实际情况，为其制订个性化的康复计划和指导建议。这些措施有助于运动员更快地恢复健康，减少因伤病导致的训练中断和比赛失利的风险。

此外，数字化技术还可以为运动员提供远程康复服务。通过在线视频咨询和远程监测技术，运动员可以在家中或其他地方接受专业的康复指导和建议，无须频繁前往医院或康复中心。这种远程康复服务不仅节省了运动员的时间和精力，也提高了康复效果和效率。

综上所述，数字化技术在整体运动优化中具有广阔的前景。通过数据采集与精准分析、智能化训练与个性化指导、健康管理与运动康复等方面的应用，数字化技术将为运动员提供更加全面、个性化和精准的支持，推动运动训练的科学化和高效化发展。随着技术的不断进步和应用场景的拓展，相信数字化技术将在未来为整体运动优化带来更多的可能性和机遇。

然而，我们也需要认识到，数字化技术的应用还面临着一些挑战和限制。例如，数据的安全性和隐私保护问题、技术的可行性和可靠性问题、教练和运动员的接受度和使用意愿问题等。因此，在推动数字化技术在整体运动优化中的应用时，我们需要充分考虑这些因素，制定合理的实施方案和策略，确保技术的有效性和可持续性。

第六章 训练与康复中的整体观

第一节 运动训练中的整体观理念

一、整体观在运动训练计划制订中的应用

在运动训练计划的制订过程中,整体观发挥着至关重要的作用。整体观强调将运动员、训练环境、训练目标等多个方面视为一个有机整体,通过全面、系统的思考和分析,制订出符合运动员实际、科学有效的训练计划。下面将从四个方面详细阐述整体观在运动训练计划制订中的应用。

(一)全面评估运动员的整体状况

在制订运动训练计划时,首先要对运动员的整体状况进行全面评估。这包括运动员的身体素质、技能水平、心理状态、饮食习惯等多个方面。通过整体观的视角,我们可以将运动员视为一个复杂而完整的系统,综合考虑各个因素之间的相互作用和影响。例如,在评估身体素质时,不仅要关注运动员的力量、速度、耐力等基础指标,还要考虑到这些指标之间的平衡和协调。同时,还要关注运动员的心理状态,了解其在比赛和训练中的情绪变化、抗压能力等,以便在训练计划中合理安排心理调适和恢复训练。

(二)制订个性化的训练计划

每个运动员的身体条件、技能水平和训练目标都不尽相同,因此,在制订训练计划时,必须根据运动员的实际情况进行个性化调整。整体观强调在关注整体的同时,也要注重个体的差异性和特殊性。通过对运动员的全面评估,我

们可以发现其潜在的优势和不足,从而制订出针对性的训练计划。例如,对于某些技术动作掌握不熟练的运动员,可以安排更多的技术练习和专项训练;而对于身体素质较弱的运动员,则需要在训练计划中加强基础体能训练。

(三)注重训练过程中的整体协调

在运动训练过程中,各个训练环节和训练手段之间需要相互协调、相互支持,形成一个有机的整体。整体观要求我们在制订训练计划时,充分考虑到各个环节之间的内在联系和相互作用。例如,在安排力量训练时,要考虑到力量训练与技能训练的相互促进作用;在安排有氧训练时,要考虑到其对运动员心肺功能的改善作用以及对其他训练项目的辅助作用。通过整体协调,我们可以确保训练计划的连贯性和有效性,提高训练效率和质量。

(四)关注训练与恢复的平衡

运动训练是一个长期而艰苦的过程,运动员在训练中需要付出大量的体力和精力。因此,在制订训练计划时,必须关注运动员的恢复和休息问题。整体观强调在追求训练效果的同时,也要注重运动员的身心健康和长远发展。通过合理安排训练强度和密度、科学安排营养补充和恢复手段等措施,我们可以确保运动员在训练过程中保持良好的身体状态和心理状态,避免过度训练和运动损伤的发生。

综上所述,整体观在运动训练计划制订中具有重要的应用价值。通过全面评估运动员的整体状况、制订个性化的训练计划、注重训练过程中的整体协调以及关注训练与恢复的平衡等措施,我们可以制订出更加科学、有效、人性化的训练计划,为运动员的全面发展提供有力保障。同时,整体观的应用也有助于我们更好地理解和把握运动训练的内在规律和特点,推动运动训练理论和实践的不断发展。

然而,需要注意的是,整体观的应用并不是一蹴而就的,它需要我们具备深厚的运动训练理论知识和实践经验,不断学习和探索新的方法和手段。同时,我们也要保持开放的心态和创新的精神,不断适应和应对运动训练领域的新挑战和新问题。只有这样，我们才能真正发挥整体观在运动训练计划制订中的优势和作用，为运动员的成长和发展提供更好的支持和保障。

二、训练要素间的整体协调与平衡

在运动训练中，各个要素之间的整体协调与平衡是确保训练效果最大化的关键。这些要素包括但不限于训练目标、训练内容、训练方法、训练强度、恢复与营养等。只有当这些要素相互协调、相互支持，形成一个有机整体时，运动员的潜能才能得到充分发掘，训练成果才能最大化。

（一）训练目标的明确与整体一致性

训练目标是运动训练的出发点和归宿，它指引着整个训练过程的方向。因此，明确训练目标并确保其整体一致性是训练要素协调与平衡的基础。训练目标应该根据运动员的实际情况和比赛需求来制定，既要考虑到运动员的个人特点，又要符合运动项目的要求。同时，训练目标还应该具有层次性和阶段性，以便在训练过程中逐步推进和实现。

在明确训练目标的基础上，我们还需要确保各个训练阶段和训练环节的目标相互衔接、相互支持。例如，在基础训练阶段，我们主要关注运动员身体素质和基本技能的提升；在专项训练阶段，我们则更加注重技术细节的完善和战术能力的培养。这些不同阶段的目标虽然各有侧重，但都是为了实现最终的整体训练目标而服务的。

（二）训练内容与方法的针对性与多样性

训练内容和方法是实现训练目标的具体手段。为了确保训练要素之间的协调与平衡，我们需要根据运动员的实际情况和训练目标来制定针对性的训练内容和方法。同时，我们还需要注重训练方法的多样性，以激发运动员的训练兴趣和提高训练效果。

在训练内容的安排上，我们应该根据运动员的特长和不足来制订个性化的训练计划。例如，对于力量型运动员，我们可以安排更多的力量训练来发挥其优势；对于技术型运动员，我们则需要加强技术细节的打磨和战术意识的培养。

在训练方法的选择上，我们可以采用循环训练、间歇训练、模拟比赛等多种形式，以提高运动员的适应能力和比赛能力。

此外，我们还需要注重训练内容与方法的更新和优化。随着运动科学的不断发展和比赛规则的不断变化，我们需要及时了解和掌握新的训练理念和方法，以便更好地适应比赛需求和提高训练效果。

（三）训练强度的合理调控与恢复机制的建立

训练强度是影响训练效果的重要因素之一。合理的训练强度可以刺激运动员的身体机能和技能水平得到提升，而过度的训练强度则可能导致运动员的身体疲劳和受伤。因此，我们需要根据运动员的实际情况和训练目标来合理调控训练强度，确保其在安全有效的范围内进行。

在调控训练强度的过程中，我们需要密切关注运动员的身体反应和生理指标变化。通过定期的身体检查和评估，我们可以了解运动员的身体状况和运动能力，从而制订出更加科学合理的训练计划。同时，我们还需要建立有效的恢复机制，帮助运动员在训练后及时消除疲劳、恢复体能和心理状态。

恢复机制的建立包括营养补充、休息调整、心理调适等多个方面。我们需要为运动员提供合理的饮食计划和营养补充建议，以满足其在训练过程中的能量需求和身体恢复需求。同时，我们还需要合理安排运动员的休息时间和调整训练节奏，避免过度训练和疲劳积累。此外，心理调适也是恢复机制中不可或缺的一部分。我们需要关注运动员的心理状态变化，及时给予心理支持和辅导，帮助他们保持良好的心态和自信心。

综上所述，训练要素间的整体协调与平衡是确保运动训练效果最大化的关键。我们需要明确训练目标并确保其整体一致性，制定针对性的训练内容和方法并注重多样性，合理调控训练强度并建立有效的恢复机制。只有这样，我们才能充分发挥运动员的潜能，提高训练效果并助力他们在比赛中取得优异成绩。

然而，要实现训练要素间的整体协调与平衡并非易事。这需要我们具备深厚的运动训练理论知识和实践经验，不断学习和探索新的方法和手段。同时，我们还需要与运动员建立良好的沟通和合作关系，充分了解他们的需求和感受，以便更好地制订个性化的训练计划。在未来的运动训练实践中，我们应该继续深入研究训练要素间的相互作用关系，不断完善和优化训练方法和手段，为运动员的全面发展提供更加科学、有效的支持和保障。

三、整体观在运动员全面发展中的体现

整体观作为一种全面、系统的思维方式，在运动员的全面发展中发挥着重要的作用。它强调将运动员视为一个整体，注重其身体、心理、技能和社会适应能力的全面提升。下面将从三个方面详细阐述整体观在运动员全面发展中的体现。

（一）身体与技能的协同发展

在运动员的全面发展中，身体与技能的协同发展是整体观的重要体现。身体是运动员进行训练和比赛的基础，而技能则是实现运动目标的关键。整体观强调在训练中既要注重身体素质的提升，又要加强技能的培养，使二者相互促进、协调发展。

在身体训练方面，整体观要求根据运动员的生理特点和运动项目的需求，制订个性化的训练计划。通过科学的训练方法和手段，全面提升运动员的力量、速度、耐力、柔韧性和灵敏性等基本素质。同时，整体观还强调训练的全面性，避免片面追求某一方面的身体素质而忽视其他方面的发展。

在技能培养方面，整体观注重运动员技术动作的规范性和精准性。通过反复练习和纠正错误动作，使运动员掌握正确的技术要领和战术意识。此外，整体观还强调技能的实用性和灵活性，鼓励运动员在比赛中根据实际情况灵活运用所学技能，提高比赛的胜算。

通过身体与技能的协同发展，运动员的整体竞技水平将得到提升，为取得优异的运动成绩奠定坚实的基础。

（二）心理与意志品质的同步提升

在运动员的全面发展中，心理与意志品质的同步提升是整体观的又一重要体现。心理素质和意志品质对于运动员在训练和比赛中的表现具有重要影响。

整体观强调在培养运动员技能的同时，也要注重其心理调适和意志品质的锤炼。

在心理调适方面，整体观要求教练员和运动员共同关注运动员的心理状态变化。通过科学的心理训练和辅导，帮助运动员建立积极的心理暗示和自信心，提高应对压力和挑战的能力。同时，整体观还强调运动员要学会自我调节和放松，避免在比赛中出现过度紧张或焦虑的情绪。

在意志品质方面，整体观强调运动员要具备坚韧不拔、顽强拼搏的精神。通过设定明确的目标和制订合理的计划，激发运动员的训练热情和比赛斗志。同时，整体观还鼓励运动员在困难和挫折面前保持冷静和乐观的态度，积极寻求解决问题的方法和途径。

通过心理与意志品质的同步提升，运动员将更加自信、从容地面对训练和比赛中的各种挑战，发挥出更好的竞技水平。

（三）社会适应能力的综合培养

运动员作为社会的一员，其社会适应能力的综合培养也是整体观在运动员全面发展中的重要体现。社会适应能力包括人际交往、团队协作、自我管理等多个方面，对于运动员的全面发展具有重要意义。

在人际交往方面，整体观要求运动员具备良好的沟通能力和合作精神。通过与队友、教练和工作人员的有效沟通，建立良好的人际关系，为训练和比赛创造和谐的环境。同时，整体观还强调运动员要学会尊重他人、理解他人，以积极的心态面对人际交往中的各种问题。

在团队协作方面，整体观强调运动员要具备大局意识和协作精神。在训练和比赛中，运动员需要与队友密切配合、相互支持，共同实现团队目标。通过团队协作的训练和实践，提高运动员的团队意识和协作能力。

在自我管理方面，整体观要求运动员具备自我约束和自我激励的能力。运动员需要合理安排自己的训练和生活时间，保持良好的作息习惯和饮食习惯。同时，还需要学会自我调节和激励，保持积极的心态和昂扬的斗志。

通过社会适应能力的综合培养，运动员将更好地融入社会、适应社会，为未来的职业发展和生活奠定坚实的基础。

综上所述，整体观在运动员全面发展中体现得淋漓尽致。它强调身体与技能的协同发展、心理与意志品质的同步提升以及社会适应能力的综合培养，为运动员的全面成长提供了有力的支持。在未来的运动训练实践中，我们应该继续坚持整体观的理念和方法，为培养更多优秀的运动员做出更大的贡献。

四、整体观在运动训练效果评估中的作用

在运动训练过程中，对训练效果进行科学、客观的评估至关重要。整体观作为一种全面、系统的思维方式，在训练效果评估中发挥着不可或缺的作用。下面将从三个方面详细阐述整体观在运动训练效果评估中的作用。

（一）全面评估运动员的整体表现

整体观强调将运动员视为一个有机整体，注重从多个维度对其表现进行全面评估。在训练效果评估中，我们不仅要关注运动员在比赛中的成绩和表现，还要关注其在训练过程中的身体状态、技能掌握情况、心理变化等多个方面。

通过整体观的视角，我们可以更加全面地了解运动员的实际情况，发现其潜在的优势和不足。例如，在评估运动员的身体状态时，我们不仅要关注其体能指标的变化，还要关注其身体机能的恢复情况、伤病预防等方面。在评估技能掌握情况时，我们不仅要关注其技术动作的规范性，还要关注其在比赛中的实际应用能力。

通过全面评估运动员的整体表现，我们可以更加准确地判断训练效果，为制订更加有效的训练计划提供依据。

（二）综合考虑多个训练因素的影响

运动训练是一个复杂的过程，其效果受到多种因素的影响。整体观要求我们在评估训练效果时，综合考虑多种训练因素的作用，避免片面地看待问题。

例如，在评估力量训练效果时，我们不仅要关注运动员的力量指标是否提升，还要考虑其训练过程中的动作质量、训练强度、训练频率等多个因素。同时，我们还要关注力量训练与其他训练项目之间的关系，如力量训练与有氧训练、技能训练等的相互影响。

通过综合考虑多个训练因素的影响，我们可以更加深入地了解训练效果的成因，为优化训练方案提供更加科学的依据。

（三）注重长期效益与可持续发展的评估

整体观强调在评估训练效果时，既要关注短期内的成绩提升，更要注重运动员的长期效益和可持续发展。因此，在评估过程中，我们需要将运动员的长期发展作为重要考量因素。

首先，我们需要关注运动员的身体素质和技术技能是否得到了稳步提升，并且这种提升是否以科学、合理的方式进行，避免过度训练或片面追求成绩而忽视运动员的身心健康。

其次，我们要评估运动员在训练过程中的心理变化，包括自信心、抗压能力、团队协作能力等。这些心理素质的提升对于运动员在比赛中稳定发挥、应对挑战具有重要意义。

最后，我们还要关注运动员的社会适应能力，包括与教练、队友的沟通协作能力、对比赛环境的适应能力等。这些能力的提升有助于运动员更好地融入团队和社会，为其未来的职业发展奠定良好基础。

通过注重长期效益与可持续发展的评估，我们可以更加全面地了解运动员的发展潜力，为制订更加科学的训练计划提供有力支持。同时，这也有助于培养运动员的综合素质，提高其未来的竞争力。

总之，整体观在运动训练效果评估中发挥着重要作用。它帮助我们全面评估运动员的整体表现，综合考虑多个训练因素的影响，并注重长期效益与可持续发展的评估。通过运用整体观进行训练效果评估，我们可以更加科学地制订训练计划、优化训练方法，为运动员的全面发展提供有力保障。

然而，我们也需要注意到，整体观的运用并非一蹴而就，它需要我们在实践中不断摸索和总结。在评估过程中，我们需要保持客观公正的态度，避免主观臆断和偏见的影响。同时，我们还要注重数据的收集和分析，利用现代科技手段提高评估的准确性和科学性。

未来，随着运动训练理论和实践的不断发展，整体观在训练效果评估中的作用将更加凸显。我们应该继续深化对整体观的理解和应用，将其贯穿于运动训练的始终，为培养更多优秀运动员、推动体育事业的繁荣发展做出更大的贡献。

第二节 康复过程中的整体观考虑

一、整体观在康复计划制订中的重要性

在康复计划的制订中，整体观同样具有不可忽视的重要性。下面从五个方面详细阐述整体观在康复计划制订中的重要性。

（一）全面评估患者状况

整体观强调人体是一个有机整体，各脏腑、组织和器官之间相互联系、相互依存。在制订康复计划时，必须全面评估患者的整体状况，包括身体状况、心理状态、社会环境等多个方面。只有全面了解患者的实际情况，才能制订出符合患者需求的个性化康复方案。

例如，对于一位有心脏病的患者，除了关注其心脏功能的恢复外，还需考虑其血压、血脂等指标的控制，以及心理状态和社会支持的调整。只有综合考虑这些因素，才能确保康复计划的全面性和有效性。

（二）系统整合康复手段

整体观认为，人体的康复是一个系统工程，需要综合运用多种康复手段。在制订康复计划时，应根据患者的具体情况，选择适当的康复方法，如药物治疗、物理治疗、心理治疗、运动康复等，并进行系统整合。

通过综合运用多种康复手段，可以形成协同作用，提高康复效果。同时，还可以根据患者的康复进展和反馈，及时调整康复方案，确保康复过程的顺利进行。

（三）注重个体差异与整体协调

整体观强调个体差异与整体协调的统一。在制订康复计划时，应充分考虑患者的个体差异，如年龄、性别、体质、病情等，制订出符合患者特点的个性化康复方案。

同时，还应注重整体协调，确保康复计划中的各项措施能够相互配合、相互促进。例如，在制订运动康复计划时，应根据患者的身体状况和运动能力，合理安排运动强度和时长，避免过度运动或运动不足的情况发生。

（四）强调预防与康复并重

整体观认为，预防与康复是相辅相成的。在制订康复计划时，应充分考虑预防因素，通过改善生活方式、调整饮食结构、加强锻炼等手段，提高患者的身体素质和抵抗力，降低疾病复发的风险。

同时，还应注重康复过程中的健康教育，帮助患者树立正确的健康观念，提高自我保健能力，实现预防与康复的良性循环。

（五）促进患者全面康复

整体观的最终目标是实现患者的全面康复。在制订康复计划时，应关注患者的身体、心理、社会等多个方面的康复需求，促进患者全面恢复健康。

例如，对于一位因意外导致肢体残疾的患者，除了关注其肢体功能的恢复外，还需关注其心理状态和社会适应能力的调整。通过提供心理支持、社会融入等方面的帮助，促进患者实现全面康复。

综上所述，整体观在康复计划制订中具有重要的作用。通过全面评估患者状况、系统整合康复手段、注重个体差异与整体协调、强调预防与康复并重以及促进患者全面康复等方面的实践，可以确保康复计划的科学性、有效性和个性化，为患者提供高质量的康复服务。

在制订康复计划时，医疗团队需要充分理解和应用整体观，确保患者的康复过程是一个全面、系统、个性化的过程。同时，也需要不断学习和更新康复理念和技术，以适应不断变化的康复需求和挑战。

二、康复过程中的身体机能整体恢复

在康复过程中,身体机能的整体恢复是至关重要的。它不仅涉及生理层面的恢复,还包括心理和社会层面的适应。下面将从三个方面详细探讨康复过程中身体机能的整体恢复。

(一)生理机能的恢复与提升

生理机能的恢复是康复过程的核心。在疾病或损伤后,患者的身体往往会出现各种功能障碍,如肌肉力量减弱、关节活动受限、心肺功能下降等。因此,生理机能的恢复首先需要针对这些具体问题进行康复训练。

例如,对于肌肉力量减弱的患者,可以通过力量训练、抗阻运动等方式来增强肌肉力量;对于关节活动受限的患者,则可以通过关节松动术、牵伸训练等方法来改善关节活动度。同时,心肺功能的恢复也是必不可少的,可以通过有氧运动、呼吸训练等方式来提高心肺耐力。

在生理机能恢复的过程中,营养支持也是不可忽视的。合理的饮食搭配可以提供身体所需的营养物质,促进组织的修复和再生。此外,保持良好的作息和充足的睡眠也是身体机能恢复的重要保障。

(二)心理状态的调整与适应

心理状态的调整与适应在康复过程中同样重要。疾病或损伤不仅会给患者的身体带来痛苦,还会对其心理产生负面影响,如焦虑、抑郁、自卑等。因此,在康复过程中,需要关注患者的心理状态,及时进行心理干预和疏导。

心理干预的方法多种多样,如认知行为疗法、放松训练、心理支持等。通过这些方法,可以帮助患者建立积极的思维模式,增强自信心和应对困难的能力。同时,家庭成员和社会支持也是患者心理恢复的重要力量。家庭成员的关心和支持可以给予患者温暖和力量,社会的理解和接纳则可以帮助患者更好地融入社会。

(三)社会功能的恢复与重建

社会功能的恢复与重建是康复过程的最终目标。患者在康复过程中,不仅需要恢复生理功能，还需要重新适应社会生活，参与社会活动。因此，社会功能的恢复涉及患者的生活自理能力、职业能力、社交能力等多个方面。

在生活自理能力方面，可以通过日常生活技能训练、家务劳动等方式来提高患者的自理能力；在职业能力方面，可以根据患者的职业特点和需求，进行针对性的职业康复训练，帮助其重新获得工作能力；在社交能力方面，可以通过参加社交活动、加入康复团体等方式来增强患者的社交能力和归属感。

此外，社会环境的支持也是社会功能恢复的重要因素。政府、社区、医疗机构等应该为康复患者提供必要的支持和帮助，如建立康复中心、提供康复设施、开展康复宣传等，为患者创造一个良好的康复环境。

综上所述，康复过程中的身体机能整体恢复是一个综合、系统的过程。它涉及生理、心理和社会多个层面的恢复与适应。通过科学的康复训练、营养支持、心理干预和社会支持等措施的综合应用，可以帮助患者实现身体机能的全面恢复，提高生活质量和社会参与度。

同时，我们也应该认识到，每个患者的康复需求和情况都是独特的。因此，在制订康复计划和实施康复措施时，需要充分考虑患者的个体差异和需求，制定个性化的康复方案。此外，康复是一个长期的过程，需要患者、家属和医疗团队的共同努力和坚持。只有通过持续的康复训练和自我调整，才能实现身体机能的全面恢复和身心的健康。

在未来，随着康复医学的不断发展和技术的不断创新，我们相信会有更多有效的康复方法和手段出现，为患者的康复提供更多的选择和可能性。同时，我们也期待社会各界能够更多地关注和支持康复事业，共同为患者的康复和健康贡献力量。

三、心理与社会因素在康复中的整体作用

康复是一个复杂且多维度的过程，不仅涉及生理层面的恢复，更涵盖了心理与社会层面的调适与适应。在这个过程中，心理与社会因素扮演着举足轻重的角色，它们相互交织，共同作用于患者的康复进程。下面将从三个方面详细探讨心理与社会因素在康复中的整体作用。

（一）心理因素在康复中的积极作用

心理因素对康复的影响不容忽视。积极的心理状态能够激发患者的内在动力，增强其对康复的信心和意愿。在面对疾病和康复的挑战时，患者往往会经历一系列的情绪波动，如焦虑、抑郁等。这些负面情绪不仅会影响患者的心理状态，还可能对康复过程造成阻碍。因此，通过心理治疗、心理咨询等手段，帮助患者管理情绪、调整心态，对于促进康复至关重要。

此外，心理因素还能影响患者的疼痛感知和应对方式。研究表明，积极的心理状态可以降低患者对疼痛的敏感性，提高其应对疼痛的能力。因此，在康复过程中，关注患者的心理状态，提供必要的心理支持和干预，有助于减轻患者的疼痛感受，提高康复效果。

（二）社会支持在康复中的重要作用

社会支持是康复过程中不可或缺的一部分。患者在康复过程中往往需要来自家庭、朋友、社区等多方面的支持。这些支持不仅可以提供物质上的帮助，如经济援助、生活照料等，更能给予患者情感上的慰藉和精神上的鼓励。

社会支持在康复中的作用主要体现在以下几个方面：首先，社会支持可以缓解患者的心理压力和焦虑情绪，使其以更加积极、乐观的态度面对康复挑战；其次，社会支持可以提供信息支持，帮助患者了解康复知识、掌握康复技能；最后，社会支持还能促进患者与他人的交流和互动，增强其社会归属感和融入感。

因此，在康复过程中，建立良好的社会支持系统至关重要。医疗机构、社区组织等应该积极发挥作用，为患者提供必要的社会支持和资源链接。同时，家庭成员和亲友也应该给予患者更多的关心和支持，共同助力其康复进程。

（三）心理与社会因素的协同作用

心理与社会因素在康复过程中并不是孤立的，而是相互关联、相互影响的。一方面，积极的心理状态可以增强患者的社会适应能力，使其更好地融入社会、与他人交往；另一方面，良好的社会支持又可以进一步促进患者的心理康复，形成良性循环。

因此，在康复过程中，需要综合考虑心理与社会因素的作用，制定个性化的康复方案。对于心理脆弱、社会支持不足的患者，应该加强心理干预和社会支持；对于心理状态良好、社会支持充足的患者，则可以更多地关注其生理机能的恢复和训练。

此外，随着康复医学的不断发展，越来越多的研究开始关注心理与社会因素在康复中的协同作用。未来的康复治疗将更加注重患者的心理需求和社会功能恢复，通过综合运用心理治疗、社会支持等手段，实现患者身心的全面康复。

综上所述，心理与社会因素在康复中的整体作用不容忽视。通过关注患者的心理状态、提供必要的社会支持以及促进心理与社会因素的协同作用，我们可以为患者创造一个更加有利、更加温暖的康复环境，助力其早日恢复健康、重返社会。

未来，随着康复医学研究的深入和技术的进步，我们有理由相信，心理与社会因素在康复中的作用将得到更充分的挖掘和利用，为更多患者带来福音。同时，我们也期待社会各界能够给予康复医学更多的关注和支持，共同推动康复事业的发展和进步。

四、整体观在预防再次损伤中的应用

整体观作为中医学的核心思想，不仅在疾病的治疗与康复过程中发挥着重要作用，同样在预防再次损伤方面具有独特的价值和意义。下面将从四个方面详细探讨整体观在预防再次损伤中的应用。

（一）全面评估与个性化预防策略的制定

整体观强调个体差异与全面评估的重要性。在预防再次损伤的过程中，首先需要全面了解患者的身体状况、病史、生活习惯等信息，通过系统评估，找出可能导致再次损伤的风险因素。

基于全面评估的结果，可以为患者制定个性化的预防策略。例如，对于骨折康复期的患者，除了关注骨折部位的愈合情况外，还需评估患者的肌肉力量、平衡能力、步态等，以制订针对性的康复训练计划，避免因力量不足或步态异常导致的再次损伤。

（二）身心并重与整体调理

整体观认为，人的身心是相互关联的，身体的健康与心理状态密切相关。因此，在预防再次损伤的过程中，需要关注患者的心理状态，通过心理疏导、情绪管理等方式，缓解患者的焦虑、抑郁等负面情绪，提高其应对挑战的能力。

同时，整体观还强调整体调理的重要性。通过调整患者的饮食、作息、运动等生活习惯，改善其身体状态，提高免疫力，降低再次损伤的风险。例如，建议患者保持饮食均衡，多摄入富含蛋白质、维生素和矿物质的食物；保证充足的睡眠时间；进行适当的运动锻炼，增强身体素质。

（三）强化康复教育与自我管理能力

整体观注重患者的自我管理和康复教育。在预防再次损伤的过程中，加强对患者的康复教育，使其了解疾病的性质、康复过程、注意事项等，有助于提高患者的自我管理能力，减少因不当行为导致的损伤风险。

此外，还可以通过定期随访、健康讲座等方式，为患者提供持续的康复指导和支持，帮助其建立健康的生活方式，提高生活质量。

（四）构建社会支持与预防网络

整体观强调社会因素在预防再次损伤中的重要作用。构建完善的社会支持系统，可以为患者提供必要的物质和精神支持，降低其心理压力，增强康复信心。

同时，通过加强与社区、医疗机构、康复中心等的合作，构建预防再次损伤的网络体系，实现资源共享和信息互通。这不仅可以为患者提供更加便捷、高效的康复服务，还可以促进康复医学的发展和进步。

例如，可以建立康复患者社区，鼓励患者之间互相交流、分享经验、相互支持；与医疗机构合作，开展远程康复指导和咨询服务；与康复中心合作，开展康复训练和活动，提高患者的康复效果和生活质量。

综上所述，整体观在预防再次损伤中的应用具有深远的意义。通过全面评估与个性化预防策略的制定、身心并重与整体调理、强化康复教育与自我管理能力以及构建社会支持与预防网络等多方面的努力，我们可以为患者提供更加全面、系统的预防服务，降低再次损伤的风险，促进患者的身心健康和全面发展。

未来，随着康复医学的不断发展和完善，整体观在预防再次损伤中的应用将更加深入和广泛。我们期待通过更多的研究和实践，不断探索和创新预防策略和方法，为更多患者带来福音。同时，也呼吁社会各界关注和支持康复医学事业，共同为构建健康中国贡献力量。

第三节 运动损伤的整体观管理

一、运动损伤的整体分析与评估

运动损伤是体育活动中常见的现象，它不仅影响运动员的训练效果和比赛成绩，还可能对运动员的职业生涯造成严重影响。因此，对运动损伤进行整体分析与评估显得尤为重要。以下将从三个方面对运动损伤的整体分析与评估进行探讨。

（一）运动损伤的病因分析

运动损伤的发生往往不是单一因素作用的结果，而是多种因素相互交织、共同作用的结果。在进行运动损伤的整体分析时，我们首先需要对其病因进行深入探讨。

首先，运动员自身的身体条件是运动损伤发生的重要因素。不同运动员的体质、肌肉力量、柔韧性、协调性等方面存在差异，这些差异可能导致某些运动员在某些运动中更容易受伤。例如，肌肉力量较弱的运动员在进行高强度的力量训练时，更容易发生肌肉拉伤等损伤。

其次，运动技术的不规范也是运动损伤的常见原因。错误的动作模式、不合理的运动轨迹等都可能增加运动员受伤的风险。此外，运动负荷过大、运动时间过长等也是导致运动损伤的重要因素。当运动员的身体无法承受过大的运动负荷时，就容易发生各种损伤。

最后，环境因素也对运动损伤的发生产生影响。场地条件、器材设备、气候条件等都可能增加运动员受伤的风险。例如，场地湿滑、器材老化等都可能导致运动员在运动中摔倒或发生其他意外损伤。

（二）运动损伤的临床表现与评估

运动损伤的临床表现多种多样，不同的损伤类型和程度会表现出不同的症状。在进行运动损伤的整体评估时，我们需要根据运动员的临床表现进行详细的观察和分析。

一般来说，运动损伤的临床表现主要包括疼痛、肿胀、功能障碍等。疼痛是运动损伤最常见的症状之一，它可能表现为钝痛、刺痛或牵拉痛等。肿胀则是由于损伤部位的组织液渗出或血管破裂导致的。功能障碍则表现为运动员在运动过程中出现的活动受限或动作不协调等症状。

除了观察运动员的临床表现外，我们还需要进行一些特殊的检查来进一步评估运动损伤的情况。例如，我们可以通过触诊来检查运动员的肌肉、韧带等组织的损伤情况；通过关节活动度的检查来评估运动员的关节功能；通过肌力测试来评估运动员的肌肉力量等。

在评估运动损伤时，我们还需要注意运动员的主观感受。运动员对于疼痛的感知、对于运动能力的自我评价等都是评估运动损伤的重要参考依据。通过与运动员的沟通交流，我们可以更全面地了解他们的损伤情况，为制定个性化的康复方案提供依据。

（三）运动损伤的预防与康复策略

针对运动损伤的整体分析与评估结果，我们需要制定相应的预防与康复策略。

在预防方面，我们可以通过加强运动员的身体素质训练、规范运动技术动作、合理安排运动负荷等方式来降低运动损伤的风险。此外，加强运动员的安全意识教育、提高他们自我保护能力也是预防运动损伤的重要措施。

在康复方面，我们需要根据运动员的损伤类型和程度制定个性化的康复方案。康复方案应包括适当的休息与恢复时间、合理的康复训练内容和方法以及必要的药物治疗或物理治疗等。同时，我们还需要关注运动员的心理状态，通过心理疏导、鼓励支持等方式帮助他们积极面对康复过程中的困难和挑战。

总之，运动损伤的整体分析与评估是一个复杂而系统的过程。我们需要综合考虑运动员的身体条件、运动技术、环境因素等多方面因素，对运动损伤的病因进行深入分析,并根据临床表现制定个性化的预防与康复策略。只有这样,我们才能更好地帮助运动员预防和应对运动损伤,保障他们的身体健康和运动生涯的顺利发展。

二、整体观在损伤预防策略制定中的应用

整体观作为中医学的核心思想,强调从全局和整体的角度来认识和处理问题。在损伤预防策略的制定中,整体观的应用具有极其重要的意义。下面将从四个方面详细探讨整体观在损伤预防策略制定中的应用。

(一)全面评估与整体分析

整体观强调全面评估与整体分析的重要性。在制定损伤预防策略时,我们需要对运动员的身体状况、技术水平、运动环境等多个方面进行全面的评估和分析。通过收集运动员的身体数据、运动表现数据等信息,结合运动员的个人特点和运动习惯,我们可以更准确地了解运动员的身体状况和运动风险。

在全面评估的基础上,我们需要对运动员的损伤风险进行整体分析。这包括分析运动员的身体结构、肌肉力量、柔韧性、协调性等方面的特点,以及评估运动员的运动技术水平和运动习惯是否规范。通过整体分析,我们可以找出运动员损伤风险的主要来源,为制定针对性的预防策略提供依据。

(二)个体化预防策略的制定

整体观注重个体差异,强调个体化预防策略的制定。每个运动员的身体条件、技术水平、运动环境等都存在差异,因此,损伤预防策略的制定应根据运动员的个体特点进行。

在制定个体化预防策略时,我们需要根据运动员的全面评估结果,结合其损伤风险的主要来源,制定针对性的预防措施。例如,对于肌肉力量较弱的运动员,我们可以加强其力量训练,提高其肌肉力量和稳定性;对于运动技术不规范的运动员,我们可以进行技术指导和训练,规范其动作模式,降低损伤风险。

此外,个体化预防策略的制定还应考虑运动员的心理因素。通过加强运动

员的心理调适和情绪管理，可以帮助他们更好地应对运动中的挑战和压力，减少因心理因素导致的损伤风险。

（三）综合性预防措施的实施

整体观强调综合性预防措施的实施。损伤预防不仅需要从单一方面入手，还需要综合考虑多个方面的因素，采取综合性的预防措施。

在综合性预防措施的实施中，我们可以从多个方面入手。首先，加强运动员的身体素质训练，提高其身体机能和抵抗力；其次，规范运动员的运动技术动作，减少因技术不规范导致的损伤风险；再次，合理安排运动员的训练计划和比赛日程，避免过度训练和疲劳导致的损伤；最后，加强运动员的安全教育，提高他们的安全意识和自我保护能力。

同时，我们还需要关注运动员的饮食、休息、心理等方面的需求，为他们提供全方位的支持和保障。通过综合性预防措施的实施，我们可以从多个方面降低运动员的损伤风险，保障他们的身体健康和运动生涯的顺利发展。

（四）持续监测与动态调整

整体观强调持续监测与动态调整的重要性。损伤预防策略的制定并不是一劳永逸的，我们需要根据运动员的身体状况、运动表现等变化情况进行持续的监测和动态调整。

通过定期的身体检查和运动表现评估，我们可以及时了解运动员的身体状况和运动风险的变化情况。当发现运动员的身体状况或运动表现出现异常时，我们需要及时进行调整和优化预防策略。例如，针对运动员新出现的损伤风险点，我们可以加强相应的预防措施；对于已经采取的预防措施效果不佳的情况，我们需要进行反思和改进，寻找更有效的预防方法。

此外，我们还需要关注运动员的反馈和建议，了解他们对预防策略的看法和感受。通过与运动员的沟通交流，我们可以更好地了解他们的需求和期望，为制定更符合他们实际情况的预防策略提供依据。

综上所述，整体观在损伤预防策略制定中的应用具有重要意义。通过全面评估与整体分析、个体化预防策略的制定、综合性预防措施的实施以及持续监测与动态调整等方面的应用，我们可以更全面地了解运动员的身体状况和运动风险，制定更有效的预防策略，降低运动员的损伤风险，保障他们的身体健康和运动生涯的顺利发展。

在未来的损伤预防工作中，我们应继续深化整体观的应用，不断探索和创新预防方法和手段。同时，我们还应加强跨学科的合作与交流，借鉴其他领域的先进经验和技术手段，为运动员的损伤预防提供更加全面、科学、有效的支持和保障。

三、损伤康复过程中的整体观实践

在损伤康复过程中，整体观的实践显得尤为重要。整体观强调从全局和整体的角度来认识和处理损伤康复问题，注重个体差异、全面评估、综合治疗和动态调整。下面将从四个方面详细探讨整体观在损伤康复过程中的实践。

（一）全面评估与个体化康复计划的制订

在损伤康复的初期阶段，全面评估是制订个体化康复计划的基础。整体观要求我们对患者的身体状况、损伤程度、心理状态、社会支持等多个方面进行全面评估。通过收集患者的病史、症状、体征等信息，结合影像学检查和功能评估结果，我们可以对患者的损伤情况有一个全面的了解。

基于全面评估的结果，我们需要为患者制订个体化的康复计划。康复计划应针对患者的具体情况，包括损伤类型、程度、恢复阶段等因素，制定合适的康复目标、康复方法和康复时间。同时，康复计划还应考虑患者的个体差异，如年龄、性别、职业等，以确保康复计划的针对性和有效性。

（二）综合治疗与整体调理

整体观强调在损伤康复过程中采用综合治疗的方法，注重整体调理。心理治疗在损伤康复过程中同样重要，可以帮助患者缓解焦虑、抑郁等负面情绪，提高康复信心。

除了上述治疗手段外，整体观还强调整体调理的重要性。我们需要关注患者的饮食、作息、运动等生活习惯，通过调整生活方式，改善患者的身体状况，提高康复效果。

（三）心理支持与情绪管理

整体观认为，心理支持与情绪管理在损伤康复过程中起着至关重要的作用。患者在康复期间往往会面临疼痛、功能障碍、生活能力下降等多重困扰，容易产生焦虑、抑郁、失落等负面情绪。这些负面情绪不仅会影响患者的康复信心，还可能加重身体症状，形成恶性循环。

因此，在康复过程中，我们需要关注患者的心理状态，及时给予心理支持和情绪管理。这包括与患者建立良好的沟通关系，倾听他们的诉求和困扰；通过心理疏导、认知行为疗法等手段，帮助患者调整心态，树立积极的康复观念；同时，鼓励患者参与社交活动，增强社会支持，提高应对挑战的能力。

（四）动态评估与康复计划调整

整体观强调在损伤康复过程中进行动态评估与康复计划调整。由于患者的康复情况会随着时间的推移而发生变化，因此我们需要定期对患者进行评估，了解康复进展和存在的问题。

基于动态评估的结果，我们需要对康复计划进行适时的调整。这包括根据患者的康复情况调整康复目标、康复方法和康复时间；针对新出现的问题制定相应的解决方案；同时，还需要关注患者的反馈和建议，不断优化康复计划，提高康复效果。

此外，整体观还要求我们在康复过程中关注患者的整体健康状况。这包括关注患者的营养状况、睡眠质量、运动能力等方面，通过综合调理，提高患者的整体健康水平，为康复创造更好的条件。

综上所述，整体观在损伤康复过程中的实践具有重要意义。通过全面评估与个体化康复计划制订、综合治疗与整体调理、心理支持与情绪管理以及动态评估与康复计划调整等方面的实践，我们可以更好地帮助患者恢复身体健康和功能，提高他们的生活质量。在未来的康复医学发展中，我们应继续深化整体观的应用，不断探索和创新康复方法和手段，为更多患者带来福音。

四、整体观在损伤后运动能力恢复中的作用

整体观在中医哲学中占据着核心地位,它强调从全局和整体的角度来认识和处理问题。在运动员损伤后的运动能力恢复过程中,整体观同样发挥着至关重要的作用。下面将从三个方面详细探讨整体观在损伤后运动能力恢复中的作用。

(一)全面评估与个体化康复方案

在运动员遭受运动损伤后,整体观首先体现在对运动员的全面评估上。这种评估不仅包括对损伤部位的详细检查,还涉及对运动员整体身体状况、心理状态、运动习惯等多方面的考量。通过全面评估,医疗团队能够更准确地了解运动员的损伤情况,以及损伤对运动员整体运动能力的影响。

基于全面评估的结果,医疗团队能够为运动员制定个体化的康复方案。这个方案不仅针对损伤部位进行治疗和康复,还考虑到运动员的整体身体状况和运动需求。通过个体化的康复方案,运动员能够更快地恢复运动能力,减少因损伤带来的长期影响。

(二)整体调理与综合康复手段

整体观在损伤后运动能力恢复中的另一个重要作用体现在整体调理与综合康复手段的运用上。整体调理强调在康复过程中注重运动员的整体身体状况,通过调整饮食、作息、心理等方面,为运动员的恢复创造良好的条件。

同时,综合康复手段的运用也是整体观的重要体现。在康复过程中,医疗团队会根据运动员的损伤情况和康复需求,采用多种康复手段相结合的方式,如物理治疗、中医康复、运动疗法等。这些手段能够相互补充、协同作用,帮助运动员更快地恢复运动能力。

(三)预防再次损伤与长期健康管理

整体观在损伤后运动能力恢复中的第三个作用是预防再次损伤与长期健康管理。整体观认为,运动员的损伤不仅仅是局部的问题,而是与整体身体状况、运动习惯等多方面因素密切相关。因此,在康复过程中,医疗团队会积极帮助

运动员纠正不良的运动习惯，加强身体素质训练，提高运动员的整体运动能力。

此外，整体观还强调对运动员的长期健康管理。通过定期的身体检查、运动能力评估等方式，医疗团队能够及时了解运动员的身体状况和运动能力变化，为运动员提供个性化的健康管理和运动建议。这有助于预防运动员再次发生损伤，保障其长期的运动生涯。

综上所述，整体观在损伤后运动能力恢复中发挥着至关重要的作用。通过全面评估与个体化康复方案、整体调理与综合康复手段以及预防再次损伤与长期健康管理等方面的实践，整体观能够帮助运动员更快地恢复运动能力，减少损伤带来的长期影响，为运动员的长期运动生涯提供有力保障。

未来，随着运动医学和康复医学的不断发展，整体观在损伤后运动能力恢复中的应用将会更加广泛和深入。我们将继续探索和研究整体观在康复过程中的具体应用方法和手段，为运动员提供更好的康复服务和保障。同时，我们也将加强跨学科的合作与交流，借鉴其他领域的先进经验和技术手段，推动整体观在损伤后运动能力恢复中的不断创新和发展。

此外，运动员和教练员也应充分认识到整体观在损伤预防和康复中的重要性，积极学习和掌握相关知识和技能，提高自身的损伤预防和康复能力。同时，运动员还应加强自我保护意识，避免在训练和比赛中出现不必要的损伤风险。

总之，整体观在损伤后运动能力恢复中发挥着不可替代的作用。通过全面评估、个体化康复、整体调理、综合康复以及预防再次损伤和长期健康管理等方面的实践，我们可以帮助运动员更快地恢复运动能力，保障其长期的运动生涯。

第四节　长期训练对整体运动的影响

一、长期训练对身体机能的全面影响

长期训练作为提升身体机能和增强体质的重要手段，对个体身体机能产生了深远的影响。从肌肉力量、心肺功能、代谢调节等三个方面，我们可以详细地探讨这种影响。

（一）肌肉力量的增强

长期训练对肌肉力量的增强具有显著作用。通过持续的力量训练，肌肉纤维得以增厚，肌肉横截面积增加，进而提高了肌肉的收缩力量。这种增强不仅体现在日常生活中的基础活动能力，更在竞技体育中有卓越的表现。此外，长期训练还能改善肌肉的协调性和灵活性，使得身体动作更加流畅和准确。

随着肌肉力量的增强，个体的身体姿态和稳定性也会得到改善。强壮的肌肉能够更好地支撑身体，减少因姿势不良导致的疼痛和损伤。同时，肌肉力量的增强还有助于提高骨密度，预防骨质疏松等骨骼问题。

（二）心肺功能的提升

长期训练对心肺功能的提升具有显著效果。通过有氧运动，如跑步、游泳等，心脏的肌肉得到锻炼，心肌厚度和收缩力增加，从而提高了心脏的泵血能力。这使得心脏能够在更低的心率下满足身体的氧气需求，降低了心脏负担。

同时，长期训练还能扩大肺部的容量，增加肺泡的数量和表面积，提高肺的通气和换气效率。这有助于身体在运动中更好地摄取氧气，满足肌肉的能量需求。心肺功能的提升使得个体在运动中能够更长时间地保持高强度运动状态，提高运动表现和耐力水平。

此外，长期训练还能改善血液循环系统，降低血压和血脂水平，减少心血管疾病的风险。通过锻炼，血管壁变得更加柔软和富有弹性，能够更好地应对血压变化，降低动脉硬化等血管问题的发生概率。

（三）代谢调节的改善

长期训练对代谢调节的改善也具有重要意义。通过锻炼，身体的能量代谢过程得到优化，能够更好地利用脂肪作为能量来源，减少对碳水化合物的依赖。这有助于降低血糖水平，预防糖尿病等代谢性疾病的发生。

同时，长期训练还能提高身体的胰岛素敏感性，促进葡萄糖的利用和储存，维持血糖的稳定。这对于预防和治疗糖尿病等代谢性疾病具有积极作用。

除了对能量代谢的改善，长期训练还能调节身体的激素水平。适当的锻炼能够刺激身体产生内啡肽等愉悦激素，缓解压力和焦虑情绪。同时，锻炼还能促进睾酮等激素的分泌，提高身体的恢复能力和免疫功能。

此外，长期训练还有助于改善睡眠质量。适度的锻炼能够调整身体的生物钟，促进深度睡眠的产生，提高睡眠效率和质量。良好的睡眠对于身体的恢复和修复至关重要，能够进一步提升身体机能和抵抗力。

综上所述，长期训练对身体机能的全面影响体现在多个方面。通过增强肌肉力量、提升心肺功能、改善代谢调节等机制，长期训练不仅提高了身体的运动表现和生活质量，还有助于预防和治疗多种慢性疾病。因此，我们应该积极参与体育锻炼，享受运动带来的健康和快乐。

然而，值得注意的是，长期训练也需要在科学的指导下进行，避免过度训练带来的损伤和疲劳。同时，个体差异也是影响训练效果的重要因素，每个人在训练过程中都需要根据自己的身体状况和训练目标制订合适的训练计划。

在未来的研究中，我们可以进一步探讨长期训练对身体机能影响的机制和规律，为制定更加科学有效的训练方案提供理论依据。同时，我们也可以关注不同人群在训练过程中的特点和需求，为不同年龄、性别、体质的人群提供个性化的训练指导。

二、运动技能的长期积累与整体提升

运动技能的长期积累与整体提升是一个复杂而系统的过程，它涉及多个方面的因素。下面将从四个方面详细探讨这一过程，以期为运动员和运动爱好者提供有益的参考。

（一）基础技能的扎实训练

基础技能是运动技能积累的基石，它决定了运动员在后续训练中的发展潜力。在基础技能训练中，运动员需要注重动作的准确性和规范性，通过反复练习，形成正确的肌肉记忆和动作模式。同时，还需要加强对运动规则、战术理解等方面的学习，为高级技能的掌握和运用奠定坚实的基础。

此外，基础技能的训练还应注重全面性和系统性。运动员应根据自身项目的特点，有针对性地加强各项基础技能的训练，确保各项技能之间的协调发展。

通过全面而系统的训练，运动员能够建立起坚实的技能基础，为后续的技能提升创造有利条件。

（二）技能组合的灵活运用

在掌握了一定的基础技能后，运动员需要将这些技能进行组合和灵活运用。技能组合的运用是运动技能提升的关键环节，它能够使运动员在比赛中更好地应对各种复杂情况，发挥出更高的竞技水平。

在技能组合的训练中，运动员应注重技能的连贯性和协调性。通过大量的实践练习，熟练掌握各项技能之间的衔接和转换，形成流畅的技能组合。同时，还需要加强对战术的理解和运用，根据比赛情况灵活调整技能组合，以取得最佳的竞技效果。

此外，技能组合的灵活运用还需要运动员具备良好的身体素质和心理素质。运动员应通过科学的训练方法，提高自身的力量、速度、耐力等身体素质，以应对高强度的比赛需求。同时，还需要加强心理调适和抗压能力的训练，保持冷静、自信的心态，确保在比赛中能够发挥出最佳水平。

（三）技能创新的探索与实践

在运动技能的长期积累过程中，技能创新是提升竞技水平的重要途径。运动员应敢于挑战传统，勇于尝试新的技能和战术，通过创新来突破自身的局限，提高竞技水平。

在技能创新的探索中，运动员需要保持敏锐的洞察力和丰富的想象力。通过对比赛视频、技术资料等的深入分析和研究，发现现有技能的不足之处，提出改进和创新的方向。同时，还需要勇于实践，不断尝试新的技能和战术组合，通过实践来检验创新成果的有效性。

此外，技能创新还需要运动员具备扎实的基础技能储备和较高的综合素质。只有在掌握了扎实的基础技能后，运动员才能够更好地进行技能创新。同时，还需要加强与其他运动员和教练的交流与合作，共同探讨和研究新的技能和战术，促进技能创新的不断发展。

(四)比赛经验的积累与总结

比赛经验是运动技能提升的重要因素之一。通过参加各种比赛,运动员能够积累丰富的比赛经验,了解不同对手的特点和战术风格,提高自身的竞技能力和应变能力。

在比赛经验的积累过程中,运动员应注重总结和反思。每场比赛结束后,都需要对自身的表现进行客观的分析和评价,找出自己的优点和不足之处,制定相应的改进措施。同时,还需要学习对手的优点和战术特点,为未来的比赛做好充分的准备。

此外,比赛经验的积累还需要运动员保持积极的心态和良好的竞技状态。在比赛中,运动员需要保持自信、冷静的心态,充分发挥出自己的水平。同时,还需要注重身体的恢复和保养,确保在比赛中能够保持最佳的身体状态。

综上所述,运动技能的长期积累与整体提升是一个系统工程,需要运动员在基础技能、技能组合、技能创新和比赛经验等多个方面进行全面而系统的训练和实践。通过长期的努力和积累,运动员能够不断提高自身的竞技水平,取得更好的成绩。同时,也需要注重个体差异和个性化训练的需求,为不同运动员制订合适的训练计划和发展路径。

三、心理与情感在长期训练中的变化

长期训练不仅是对身体的塑造和磨砺,更是一场心理与情感的深刻变革。在这一过程中,运动员经历了从初识挑战到逐渐适应,再到享受挑战的心路历程。下面将从四个方面详细探讨心理与情感在长期训练中的变化。

(一)从畏惧到接纳:面对挑战的心理转变

在训练的初期,许多运动员会对高强度的训练安排和严格的纪律要求感到畏惧。他们可能会担心自己的身体无法承受这样的负荷,或者害怕在众人面前展示自己的不足。然而,随着训练的深入,他们逐渐认识到这些挑战是成长的必经之路。在教练的鼓励和队友的支持下,他们开始接纳这些挑战,并勇敢地面对它们。

在这一过程中，运动员的自信心也逐渐增强。他们开始相信自己有能力克服各种困难，实现自己的目标。这种自信心的提升不仅有助于他们在训练中取得更好的成绩，也让他们在日常生活中更加自信、从容。

（二）从孤独到融入：情感纽带的建立

长期训练往往意味着长时间的投入和牺牲，这可能导致运动员在初期感到孤独和疏离。他们可能会因为训练而与家人、朋友减少联系，甚至因为过于专注于训练而忽视了自己的情感需求。然而，随着时间的推移，他们逐渐在训练团队中找到了归属感和情感支持。

通过与队友的共同努力和相互支持，运动员们建立了深厚的友谊和信任。他们一起分享训练的苦与乐，共同面对挑战和困难。这种情感纽带的建立不仅有助于他们在训练中相互激励、共同进步，也让他们在生活中拥有了更多的支持和陪伴。

（三）从焦虑到平静：情绪管理的提升

在长期的训练中，运动员不可避免地会遇到各种挫折和失败。这些经历可能会让他们感到焦虑、沮丧甚至绝望。然而，正是在这些挑战中，他们学会了如何更好地管理自己的情绪。

通过不断地反思和调整，运动员们逐渐学会了在面对挫折时保持冷静和乐观。他们开始懂得如何将自己的情绪从消极转向积极，如何用更加成熟和理性的态度去面对困难和挑战。这种情绪管理能力的提升不仅有助于他们在训练中保持稳定的状态，也让他们在生活中更加从容、淡定。

（四）从追求成绩到享受过程：价值观的转变

在训练的初期，许多运动员可能会过于追求成绩和荣誉，将训练视为一种达成目标的手段。然而，随着训练的深入和时间的推移，他们逐渐意识到成绩并不是唯一的目标，更重要的是享受训练的过程和体验。

他们开始学会欣赏每一次训练的进步和收获，享受与队友一起奋斗的时光，感受每一次挑战带来的成长和变化。这种价值观的转变让他们更加珍惜训练的机会，更加投入地参与到每一次训练中。

综上所述，心理与情感在长期训练中经历了从畏惧到接纳、从孤独到融入、从焦虑到平静以及从追求成绩到享受过程的变化。这些变化不仅让运动员在训练中取得了更好的成绩，也让他们在生活中更加成熟、自信和从容。因此，我们应该重视运动员的心理和情感变化，为他们提供必要的支持和帮助，让他们在长期的训练中不断成长和进步。

四、整体观在运动员长期职业规划中的应用

整体观是一种综合性的思考方式，强调从全局的角度去分析和解决问题。在运动员的长期职业规划中，整体观的应用显得尤为重要。它不仅有助于运动员更全面地认识自己的职业发展路径，还能帮助他们制定更加合理、有效的职业规划。下面将从四个方面详细探讨整体观在运动员长期职业规划中的应用。

（一）全面评估自身条件与优势

运动员在规划自己的职业生涯时，首先需要全面评估自身的条件与优势。这包括身体素质、技能水平、心理素质、教育背景等多个方面。通过整体观的视角，运动员可以更加客观地认识自己的优势和不足，从而制定出符合自身特点的职业规划。

在评估过程中，运动员还需要关注自己的兴趣和价值观。只有真正热爱自己的运动项目，才能在长期的职业生涯中保持持久的动力和热情。同时，运动员还需要明确自己的职业目标，以便在规划过程中始终保持正确的方向。

（二）综合考虑职业发展的阶段性与连续性

运动员的职业生涯通常可以分为不同的阶段，如基础训练阶段、竞技巅峰阶段、退役转型阶段等。在规划职业生涯时，运动员需要综合考虑这些阶段的特点和需求，确保职业规划的连续性和稳定性。

在基础训练阶段，运动员应注重基础技能和身体素质的培养；在竞技巅峰阶段，应关注技能的提升和竞技状态的保持；在退役转型阶段，需要提前规划好转型方向和路径，以便顺利过渡到新的职业领域。

(三)平衡个人发展与团队利益

在职业生涯中,运动员不仅需要关注个人的发展,还需要考虑团队的整体利益。整体观要求运动员在规划职业生涯时,既要追求个人的成就和进步,也要为团队的荣誉和利益贡献力量。

运动员可以通过参加团队训练和比赛,提升自己的协作能力和团队精神。同时,他们还需要学会在团队中发挥自己的优势,为团队的成功做出贡献。在关键时刻,运动员应勇于承担责任,为团队的胜利拼搏到底。

(四)关注外部环境变化与应对策略

运动员的职业生涯受到多种外部因素的影响,如政策调整、市场需求、科技进步等。在规划职业生涯时,运动员需要关注这些外部环境的变化,并制定相应的应对策略。

首先,运动员需要关注国家政策和体育产业的发展趋势,以便及时调整自己的职业规划。例如,随着国家对体育产业的支持力度不断加大,运动员可以积极寻求与企业的合作机会,拓展自己的职业发展空间。

其次,运动员还需要关注市场需求的变化。随着人们生活水平的提高和健康意识的增强,体育消费市场的规模不断扩大。运动员可以根据市场需求,调整自己的训练方向和技能结构,以适应市场的变化。

最后,运动员还需要关注科技进步对体育行业的影响。例如,随着大数据、人工智能等技术的应用,运动员的训练和比赛方式也在发生变革。运动员需要积极学习和掌握这些新技术,以提高自己的竞技水平和职业竞争力。

综上所述,整体观在运动员长期职业规划中的应用具有重要意义。通过全面评估自身条件与优势、综合考虑职业发展的阶段性与连续性、平衡个人发展与团队利益以及关注外部环境变化与应对策略,运动员可以制定出更加合理、有效的职业规划,为自己的职业发展奠定坚实的基础。同时,这也需要运动员具备开阔的视野、敏锐的观察力和长远的规划能力,以便在不断变化的环境中抓住机遇、应对挑战。

第五节　康复与运动表现的整体观方法

一、康复与运动表现的整体评估

康复与运动表现的整体评估是确保个体在康复过程中能够全面、有效地恢复身体功能，同时提升其运动表现的关键环节。这一过程不仅涉及对身体状况的细致检查，还需要对个体的运动能力、日常生活能力以及心理状况进行全方位的评估。下面将从三个方面详细探讨康复与运动表现的整体评估。

（一）身体状况与运动能力评估

身体状况评估是康复与运动表现整体评估的基础。在这一过程中，康复专家会对个体的身高、体重、体脂率等基本指标进行测量，以了解其基本身体状况。同时，专家还会对个体的骨骼、肌肉、关节等结构进行详细检查，以发现可能存在的损伤或潜在问题。

运动能力评估则是对个体在运动方面的全面检测。这包括有氧耐力、肌肉耐力、爆发力等方面的测试。通过这些评估，康复专家可以了解个体在运动能力方面的优势和不足，从而为其制订个性化的康复和运动计划提供依据。

在进行身体状况与运动能力评估时，康复专家会运用专业的评估工具和方法，确保评估结果的准确性和客观性。同时，他们还会根据个体的实际情况，灵活调整评估方案，以满足不同个体的需求。

（二）日常生活能力评估

日常生活能力评估是康复与运动表现整体评估中不可或缺的一部分。康复专家会对个体在日常生活中的自理能力、行走能力、上下楼梯能力等方面进行测试。这些测试不仅有助于了解个体在日常生活中的困难和问题，还能为康复计划的制订提供重要参考。

通过日常生活能力评估，康复专家可以评估个体的功能水平和康复需求，为其制定针对性的康复措施。例如，对于行走能力较差的个体，康复专家可能会设计一些专门的步行训练计划，以帮助其逐步恢复行走能力。

此外，日常生活能力评估还有助于预测个体在未来可能面临的生活挑战，并为其制定相应的应对策略。这有助于个体在康复过程中更好地适应生活，提高生活质量。

（三）心理状况评估

心理状况评估在康复与运动表现整体评估中同样占据重要地位。康复专家会与个体进行深入的交流和观察，以评估其心理状态，包括情绪、认知和心理应对能力等方面。

个体的心理状态对康复进程和运动表现具有重要影响。积极的心态和良好的心理应对能力有助于个体更好地应对康复过程中的挑战和困难，提高康复效果。相反，消极的心态和不良的心理应对方式可能导致康复进程受阻，甚至影响个体的运动表现。

因此，在康复与运动表现的整体评估中，对个体心理状况的评估至关重要。康复专家会根据评估结果，为个体提供相应的心理支持和干预措施，帮助其调整心态，增强信心，以更好地应对康复挑战。

综上所述，康复与运动表现的整体评估是一个全面、细致的过程，涉及身体状况、运动能力、日常生活能力和心理状况等多个方面。通过这一过程，康复专家可以全面了解个体的康复需求和运动表现水平，为其制订个性化的康复计划提供科学依据。同时，这一评估过程也有助于个体更好地了解自己的身体状况和运动能力，从而更好地配合康复计划，实现最佳康复效果。

在未来的康复工作中，我们还应继续探索和完善康复与运动表现的整体评估体系，以提高评估的准确性和有效性。同时，我们还应注重个体差异和个性化需求，为不同个体提供更加精准、个性化的康复服务。这将有助于个体在康复过程中更好地恢复身体功能，提升运动表现，实现全面、健康的发展。

二、整体观在康复与训练结合中的应用

整体观作为一种综合性、全面性的思考方式，在康复与训练的结合中发挥着至关重要的作用。它强调将个体视为一个整体，不仅关注其身体层面的恢复，

还注重心理、社会等多方面的因素。下面将从三方面详细探讨整体观在康复与训练结合中的应用。

（一）身体层面的整体康复与训练

整体观强调身体各部位之间的相互联系和相互影响。在康复与训练的结合中，这意味着我们不能仅仅针对某一受损部位进行孤立的训练，而应该从整体的角度出发，全面考虑身体的结构和功能。

例如，在针对膝关节损伤的康复训练中，我们不仅要关注膝关节本身的功能恢复，还要考虑到与其相连的髋关节、踝关节等部位的协同作用。通过综合性的训练，可以加强相关肌肉群的力量和稳定性，提高关节的灵活性和协调性，从而加速康复进程。

此外，整体观还强调身体与环境的相互作用。在康复训练中，我们需要根据个体的实际情况和生活环境，为其制订合适的训练计划和康复方案。例如，对于老年人或行动不便的患者，我们可以设计一些简单易行的家庭康复动作，以便他们在日常生活中进行锻炼和康复。

（二）心理层面的整体康复与训练

心理层面的整体康复与训练同样重要。整体观认为，个体的心理状态与身体康复密切相关。因此，在康复训练中，我们需要关注个体的情绪、认知、动机等方面的变化，并采取相应的措施进行干预。

例如，对于因疾病或损伤导致情绪低落、焦虑的个体，我们可以通过心理咨询、心理疏导等方式，帮助他们建立积极的心态和信心，从而更好地配合康复训练。同时，我们还可以通过一些心理训练方法，如放松训练、认知重构等，提高个体的心理应对能力，减轻康复过程中的心理压力。

此外，整体观还强调个体的社会属性和人际关系对康复的影响。在康复训练中，我们需要关注个体与家人、朋友、同事等之间的交流和互动，帮助他们建立良好的人际关系，获得社会支持，从而提高康复效果。

(三)个性化康复与训练方案的制定

整体观强调个体差异和个性化需求。在康复与训练的结合中,这意味着我们需要根据每个个体的具体情况,制定个性化的康复与训练方案。

首先,我们需要对个体进行全面的评估,包括身体状况、心理状态、社会背景等方面。通过评估,我们可以了解个体的优势和不足,以及他们在康复过程中可能面临的挑战和困难。

其次,我们需要根据评估结果,为个体制定合适的康复与训练目标。这些目标应该既符合个体的实际情况和需求,又具有一定的挑战性和可行性。

最后,我们需要根据目标和个体的特点,设计具体的康复与训练内容和方法。这包括选择合适的训练动作、制定合适的训练强度和时间、提供必要的康复辅具等。

在制定个性化康复与训练方案的过程中,我们还需要注重与个体的沟通和反馈。通过与个体的交流,我们可以了解他们的需求和感受,及时调整方案,确保康复与训练的效果。同时,我们还需要定期评估个体的康复进展,以便及时调整方案,确保康复目标的顺利实现。

综上所述,整体观在康复与训练的结合中发挥着至关重要的作用。通过从身体、心理和社会等多个层面出发,我们可以为个体提供更加全面、个性化的康复与训练服务,帮助他们更好地恢复身体功能,提高生活质量。同时,我们还需要不断探索和完善整体观在康复与训练中的应用方法和技术,以更好地满足个体的需求和社会的发展。

三、心理与社会因素在康复与运动表现中的整体作用

在康复与运动表现的过程中,心理与社会因素发挥着不可忽视的整体作用。它们不仅影响着个体的身体康复进程,还直接关系到其运动表现的质量和水平。下面将从四个方面详细探讨心理与社会因素在康复与运动表现中的整体作用。

(一)心理因素对康复进程的促进作用

心理因素在康复过程中起着至关重要的作用。首先,积极的心态和情绪对

于个体的身体康复具有积极的促进作用。当个体面对身体损伤或疾病时，乐观的心态能够激发其内在的康复动力，提高康复训练的积极性和效果。此外，自我认同和自我效能感也是影响康复进程的重要心理因素。个体对自我价值的认同和对自己能力的信心，有助于其在康复过程中保持坚定的信念和决心，从而更好地应对康复过程中的挑战和困难。

（二）社会支持对康复进程的助力作用

社会支持是康复过程中不可或缺的重要因素。亲友、家人、同事以及专业康复人员的关心和支持，能够为个体提供情感上的慰藉和物质上的帮助，减轻其康复过程中的心理压力和负担。同时，社会支持还能够增强个体的社会归属感和自我价值感，提高其康复信心和积极性。研究表明，社会支持水平较高的个体在康复过程中往往表现出更好的康复效果和更高的生活质量。

（三）心理因素对运动表现的影响

心理因素同样对个体的运动表现有着深远的影响。首先，自信心是运动表现中的关键因素。自信的运动员在比赛中往往能够发挥出更好的水平，因为他们相信自己具备应对挑战的能力。其次，焦虑和压力也是影响运动表现的重要心理因素。过度的焦虑和压力可能导致运动员在比赛中紧张失误，影响其正常水平的发挥。最后，动机和态度也对运动表现产生着重要影响。积极的动机和态度能够激发运动员的潜能，使其在比赛中更加投入和专注。

（四）社会因素在运动表现中的作用

社会因素在运动表现中同样发挥着重要作用。首先，社会环境对运动员的心态和情绪产生着影响。一个积极、和谐的社会环境有助于运动员保持良好的心态和情绪状态，从而在比赛中发挥出更好的水平。其次，社会期望和舆论压力也可能对运动员的运动表现产生影响。过高的社会期望和舆论压力可能导致运动员产生焦虑和压力，影响其正常水平的发挥。因此，在运动员的培养和比赛中，需要关注社会因素对运动员的影响，为其创造一个良好的社会环境。

综上所述，心理与社会因素在康复与运动表现中发挥着整体作用。在康复过程中，积极的心态、自我认同和社会支持是促进个体康复的重要因素；在运动表现中，自信心、动机和态度以及社会环境是影响运动员发挥水平的关键因素。因此，在康复与运动训练中，需要充分关注个体的心理和社会需求，为其提供全面的支持和帮助，以促进其身体康复和运动表现的提升。

同时，我们也应该认识到，心理与社会因素的作用是相互交织、相互影响的。在康复与运动表现的过程中，我们需要综合考虑这些因素，制订个性化的康复和运动计划，以满足不同个体的需求。此外，我们还需要不断探索和研究心理与社会因素在康复与运动表现中的具体作用机制，以便为个体提供更加科学、有效的支持和帮助。

在未来的康复与运动训练中，我们应该更加注重心理与社会因素的整合与运用，通过综合性的干预措施，提高个体的康复效果和运动表现水平。这不仅可以提升个体的生活质量和健康水平，还有助于推动康复与运动训练领域的发展和创新。

四、整体观在提升康复后运动表现中的作用

康复与运动表现是一个复杂而多维的过程，其中心理与社会因素发挥着至关重要的作用。它们不仅影响个体的康复进程，还直接关系到其运动表现的质量和水平。以下从四个方面详细探讨心理与社会因素在康复与运动表现中的整体作用：

（一）心理调适与康复效果

心理状态对康复进程具有深远的影响。在康复阶段，个体常常面临身体的不适、疼痛以及功能的限制，这些都可能引发焦虑、抑郁等负面情绪。这些负面情绪不仅会降低个体的康复积极性，还可能影响康复效果。因此，心理调适在康复过程中显得尤为重要。

积极的心理调适可以帮助个体更好地应对康复过程中的挑战。通过心理咨询、心理疏导等方式，个体可以学会如何管理自己的情绪，保持积极的心态，从而更好地配合康复训练。同时，一些心理治疗方法如认知行为疗法等，也可以帮助个体改变对疾病和康复的错误认知，增强康复信心。

（二）社会支持与康复动力

社会支持是康复过程中的重要力量。个体在康复过程中往往需要来自家人、朋友、医务人员等各方面的支持。这些支持不仅可以提供物质上的帮助，更重要的是可以给予个体情感上的慰藉和鼓励。

社会支持可以增强个体的康复动力，提高其康复积极性。当个体感受到来自他人的关心和支持时，会更加有信心和勇气面对康复过程中的困难和挑战。同时，社会支持还可以帮助个体建立积极的人际关系，减轻孤独感和无助感，从而促进康复进程的顺利进行。

（三）心理因素影响运动表现

在运动表现方面，心理因素同样发挥着关键作用。自信心是运动表现中的重要心理因素。自信的运动员往往能够在比赛中发挥出更好的水平，因为他们相信自己具备应对各种挑战的能力。相反，缺乏自信的运动员可能会在关键时刻产生自我怀疑，影响其正常水平的发挥。

此外，焦虑和压力也是影响运动表现的重要心理因素。适度的焦虑和压力可以激发运动员的斗志，提高其竞技状态。然而，过度的焦虑和压力则可能导致运动员在比赛中紧张失误，影响其运动表现。因此，学会如何管理焦虑和压力对运动员来说至关重要。

（四）社会因素塑造运动环境

社会因素在塑造运动环境、影响运动表现方面也发挥着重要作用。社会文化背景对个体的运动态度和价值观产生深远影响。不同的文化背景下，个体对运动的认识和态度可能存在差异，这直接影响其参与运动的积极性和投入程度。

同时，社会环境中的竞争氛围和舆论压力也可能对运动员的运动表现产生影响。适度的竞争可以激发运动员的潜能，但过度的竞争和舆论压力则可能导致运动员产生过度的焦虑和紧张，影响其正常水平的发挥。

综上所述，心理与社会因素在康复与运动表现中发挥着重要的整体作用。通过加强心理调适、提供社会支持、培养自信心及管理焦虑和压力等方式，我们可以有效促进个体的康复进程和提升其运动表现。在未来的康复与运动训练中，我们应该更加关注心理与社会因素的作用，为个体提供更加全面、个性化的支持和帮助。

此外，随着科技的进步和研究的深入，我们可以进一步探索心理与社会因素在康复与运动表现中的具体作用机制，以便为个体提供更加科学、有效的干预措施。同时，我们也可以通过加强跨学科合作，将心理学、社会学等领域的研究成果应用于康复与运动训练中，为个体的身心健康和全面发展做出更大的贡献。

请注意，以上内容是基于当前的研究成果和理论进行的探讨，实际情况可能因个体差异和环境因素而有所不同。因此，在具体应用中，我们需要根据个体的实际情况和需求，制定个性化的康复与运动训练方案，以达到最佳的效果。

第七章 老年人与整体观

第一节 老年人整体观的独特性

一、老年人身体机能的整体变化

（一）生理结构的变化

随着年龄的增长，老年人的生理结构会发生一系列显著的变化。这些变化主要体现在以下几个方面：

骨骼与肌肉系统：骨骼密度降低，导致骨质疏松和骨折风险增加；肌肉萎缩，力量下降，影响日常活动能力。

心血管系统：血管弹性减弱，血压调控能力下降，心脏功能减退，易患心血管疾病。

呼吸系统：肺活量减少，呼吸效率降低，易患呼吸系统疾病。

消化系统：胃肠蠕动减慢，消化吸收能力下降，易出现消化不良等问题。

神经系统：神经传导速度减慢，反应迟钝，记忆力、认知功能下降。

在这一部分，可以详细分析每个系统的变化过程、机制以及对老年人生活的影响，并探讨如何通过合理饮食、锻炼等方式减缓这些变化。

（二）代谢与内分泌的变化

老年人的代谢和内分泌系统也会发生显著变化，这些变化对老年人的健康和疾病风险有着重要影响。

基础代谢率下降：随着年龄的增长，老年人的基础代谢率逐渐降低，能量消耗减少，容易导致体重增加和肥胖。

胰岛素敏感性降低：老年人胰岛素敏感性下降，易发生血糖调节障碍，增加患糖尿病的风险。

性激素水平变化：性激素水平的变化对老年人的生殖功能以及骨骼健康产生影响。

在这一部分，可以深入探讨代谢和内分泌变化对老年人健康的具体影响，以及如何通过调整生活方式和药物治疗来管理这些变化。

（三）心理与社会适应的变化

除了生理和代谢方面的变化，老年人的心理和社会适应能力也会发生显著变化。

心理状态：老年人可能面临焦虑、抑郁等心理问题，这些问题可能源于对健康的担忧、社会角色的转变以及亲友的离世等。

认知功能：随着年龄的增长，老年人的认知功能可能逐渐下降，表现为记忆力减退、思维迟缓等。

社会适应能力：老年人可能面临社会角色的转变和社交网络的调整，需要适应新的生活方式和社交环境。

在这一部分，可以分析老年人心理和社会适应变化的原因、影响及应对策略，包括心理干预、社会支持网络建设等方面的内容。

二、老年人心理与社会适应的整体特点

（一）心理变化特点

随着年龄的增长，老年人的心理世界也经历着一系列的转变与调整。这些心理变化是多方面的，反映了他们面对生活变迁时的内心体验。

首先，老年人普遍面临着自我认同的挑战。随着年龄的增长、身体机能的下降和社会角色的转变，老年人可能会对自己的价值和能力产生怀疑。他们可能不再像年轻时那样充满自信和活力，而是更多地感受到自己的无力和脆弱。这种自我认同的变化可能会导致他们产生自卑、焦虑等负面情绪。

其次，老年人常常体验到孤独和失落感。随着子女的成长和独立，老年人

的社交圈子可能会逐渐缩小，亲友的离世也会给他们带来巨大的打击。这种社交支持的减少使得老年人更容易感到孤独和失落。他们可能会怀念过去的时光和人际关系，对未来感到迷茫和无助。

最后，老年人还面临着记忆力减退和思维迟缓等认知问题。随着年龄的增长，大脑的神经传导速度可能会减慢，导致老年人的记忆力、注意力和思维能力下降。这些问题可能会影响到他们的日常生活和社交活动，使他们感到困惑和无助。

（二）社会适应特点

社会适应是老年人面临的重要课题之一。随着年龄的增长，老年人需要不断调整自己的生活方式和社交模式，以适应不断变化的社会环境。

首先，老年人需要适应退休后的生活变化。退休意味着他们不再从事原来的工作，失去了原有的社会角色和地位。这种转变可能会导致他们感到空虚和无聊，需要重新寻找生活的意义和目标。同时，他们也需要适应新的生活方式和节奏，学会合理安排自己的时间和活动。

其次，老年人需要面对家庭结构的变化。随着子女的成家立业和孙辈的成长，家庭结构可能会发生重大变化。老年人可能需要与子女分开居住，或者需要照顾孙辈等家庭成员。这些变化可能会给他们带来新的挑战和压力，需要他们不断调整自己的心态和行为。

最后，老年人还需要适应社会的快速发展和变化。随着科技的进步和社会的变革，新的生活方式、价值观念和文化现象不断涌现。老年人可能会感到难以适应这些变化，需要不断学习和更新自己的知识和技能。

（三）心理与社会适应的相互关系

老年人的心理变化和社会适应是相互关联的。心理变化会影响到老年人的社会适应能力，而社会适应的困难也会进一步加剧他们的心理问题。

例如，自我认同的挑战和孤独失落感可能会使老年人更加难以融入社会，导致他们与社会的联系更加疏远。而社交支持的减少和角色的转变又可能进一步加剧他们的孤独感和失落感。

同时，记忆力减退和思维迟缓等认知问题也会影响到老年人的社会适应能力。他们可能难以理解和接受新的信息和观念，难以适应新的生活方式和社交环境。这种认知障碍可能会使他们感到困惑和无助，进一步加剧他们的心理问题。

因此，在关注老年人的心理变化时，我们也需要关注他们的社会适应问题。通过提供必要的支持和帮助，促进他们与社会的联系和交流，可以帮助他们更好地应对生活中的挑战和困难，提高他们的生活质量和幸福感。

综上所述，老年人心理与社会适应的整体特点是多方面的、复杂的。我们需要从多个角度来理解和关注他们的内心体验和生活状态，为他们提供必要的支持和帮助，让他们能够安享晚年、幸福生活。

三、整体观在老年健康管理中的意义

随着社会的快速发展和人口老龄化的加剧，老年健康管理逐渐成为社会关注的焦点。整体观作为一种全面、综合的健康管理理念，在老年健康管理中发挥着举足轻重的作用。本章节将从四个方面详细阐述整体观在老年健康管理中的意义。

（一）全面评估老年健康状况

整体观强调对老年人身体、心理、社会等多方面的全面评估。这种评估方式不仅关注老年人的生理机能，还关注其心理状态、社会适应能力以及生活质量等方面。通过全面评估，可以更准确地了解老年人的健康状况，发现潜在的健康问题，为制定个性化的健康管理方案提供依据。

在具体实践中，整体观要求医疗工作者采用多种评估工具和方法，如问卷调查、体格检查、实验室检查等，对老年人进行全面、系统的评估。同时，还需要关注老年人的个体差异，结合其年龄、性别、生活习惯等因素，制定个性化的健康管理方案。

（二）促进身心健康协调发展

整体观认为，老年人的身心健康是相互关联、相互影响的。因此，在老年健康管理中，需要注重身心健康的协调发展。这包括通过合理的饮食、运动、休息等方式，促进老年人的身体健康；同时，通过心理干预、社会支持等方式，改善老年人的心理状态，提高其生活质量。

在具体操作中，医疗工作者可以根据老年人的健康状况和需求，制定个性化的健康干预措施。例如，对于身体机能下降的老年人，可以通过运动疗法、物理疗法等方式，改善其身体功能；对于存在心理问题的老年人，可以通过心理咨询、心理治疗等方式，缓解其焦虑、抑郁等负面情绪。

（三）强化预防为主的健康管理理念

整体观强调预防为主的健康管理理念，即在老年健康管理中，应注重疾病的预防和早期干预。通过加强健康教育、提高老年人的自我保健意识，可以有效预防和控制慢性病的发生和发展，降低老年人的疾病负担。

在实际工作中，医疗工作者可以通过开展健康讲座、发放健康宣传资料等方式，向老年人普及健康知识，提高其健康素养。同时，还可以定期对老年人进行健康检查，及时发现并处理潜在的健康问题，防止疾病的恶化。

（四）构建多元化、综合性的健康管理体系

整体观要求构建多元化、综合性的健康管理体系，以满足老年人多样化的健康需求。这包括整合医疗资源，提供全方位的医疗服务；加强社区支持，建立老年人互助机制；发展养老产业，提供优质的养老服务等方面。

在具体实施中，政府、医疗机构、社区组织等各方应共同参与，形成合力。政府可以制定相关政策，加大对老年健康管理的投入；医疗机构可以提供专业的医疗服务和技术支持；社区组织可以发挥桥梁纽带作用，促进老年人之间的交流和互助。同时，还可以鼓励社会力量参与老年健康管理，推动养老产业的健康发展。

综上所述，整体观在老年健康管理中具有深远的意义。通过全面评估老年健康状况、促进身心健康协调发展、强化预防为主的健康管理理念以及构建多元化、综合性的健康管理体系，可以有效提升老年人的生活质量，推动老年健康事业的持续发展。因此，在未来的老年健康管理工作中，应更加注重整体观的应用和实践，为老年人提供更加全面、优质的健康管理服务。

四、老年人整体观的个性化需求

在老年健康管理中,整体观强调对老年人的全面、综合关注,这不仅体现在对老年人身体、心理、社会适应等多方面的评估与干预,更体现在对老年人个性化需求的深入理解和满足。老年人的个性化需求因个体差异而异,包括生活习惯、健康状况、兴趣爱好、文化背景等多方面的因素。本章节将从三个方面详细探讨老年人整体观的个性化需求。

(一)生活习惯与健康管理的个性化

每个老年人的生活习惯都是独一无二的,这些习惯往往与他们的健康状况和生活质量密切相关。因此,在老年健康管理中,我们需要深入了解老年人的生活习惯,并根据其特点制定个性化的健康管理方案。

首先,老年人的饮食习惯是影响其健康的重要因素。有的老年人可能偏好素食,有的可能因疾病需要特殊饮食。因此,在制订饮食计划时,应充分考虑老年人的个人喜好和营养需求,提供符合其健康状况的饮食建议。

其次,老年人的运动习惯也需要关注。有些老年人喜欢散步、太极拳等轻度运动,而有些则可能更偏好游泳、跳舞等较为激烈的活动。在制订运动计划时,应根据老年人的身体状况和运动喜好,选择适合他们的运动方式和强度,以达到锻炼身体、提高生活质量的目的。

最后,老年人的作息习惯、休闲方式等也应纳入个性化健康管理的考虑范围。通过深入了解老年人的生活习惯,我们可以为其提供更加精准、有效的健康管理服务。

(二)心理需求与情感支持的个性化

随着年龄的增长,老年人的心理需求日益凸显。他们渴望得到家人的关爱、朋友的陪伴和社会的认可。在老年健康管理中,我们需要关注老年人的心理需求,提供个性化的情感支持。

首先,对于孤独感较强的老年人,我们可以通过组织集体活动、建立互助小组等方式,帮助他们扩大社交圈子,缓解孤独感。同时,家庭成员也应多陪伴老年人，给予他们关爱和支持。

其次，对于存在焦虑、抑郁等心理问题的老年人，我们可以提供专业的心理咨询和治疗服务。通过倾听老年人的心声、了解他们的困扰，帮助他们建立积极的心态，提高应对生活压力的能力。

最后，我们还可以通过开展文化活动、艺术疗法等方式，满足老年人的精神文化需求，提高他们的生活满意度和幸福感。

（三）社会适应与角色转变的个性化

随着年龄的增长，老年人面临着社会角色的转变和适应问题。他们可能需要从职场退休、适应新的生活环境、面对亲友的离世等。在老年健康管理中，我们需要关注老年人的社会适应问题，提供个性化的支持和帮助。

首先，对于退休后的老年人，我们可以提供职业规划和转型建议，帮助他们找到新的生活目标和意义。同时，社区和机构也可以提供志愿者活动、兴趣小组等平台，让老年人继续发挥余热，实现自我价值。

其次，对于需要适应新生活环境的老年人，我们可以提供搬家协助、环境适应指导等服务，帮助他们尽快融入新的生活环境。同时，家庭成员和社会组织也应给予老年人足够的关心和支持，帮助他们度过适应期。

最后，面对亲友的离世等生活变故，老年人可能需要专业的哀伤辅导和心理支持。我们可以提供相关的心理服务，帮助老年人走出阴影，重新面对生活。

综上所述，老年人整体观的个性化需求涉及生活习惯、心理需求和社会适应等多个方面。在老年健康管理中，我们需要充分了解老年人的个性化需求，制定符合其特点的健康管理方案，提供全方位、个性化的服务。同时，我们还应关注老年人的个体差异和变化，不断调整和优化健康管理策略，以满足老年人不断变化的需求。通过个性化的健康管理服务，我们可以帮助老年人提高生活质量、享受健康幸福的晚年生活。

第二节 老年人运动能力的整体观分析

一、老年人运动能力的全面评估

随着年龄的增长，老年人的身体机能逐渐下降，运动能力也随之减弱。因此，对老年人的运动能力进行全面评估，是制定个性化运动方案、预防运动损伤、提高生活质量的关键环节。以下将从身体机能、运动表现以及运动风险三个方面，对老年人运动能力进行全面评估。

（一）身体机能评估

身体机能评估是老年人运动能力评估的基础，主要包括心肺功能、肌肉力量、柔韧性、平衡能力等方面的测试。

心肺功能评估：通过测量老年人的心率、血压、呼吸频率等指标，评估其心肺系统的健康状况。心肺功能良好的老年人可以承受更高强度的运动，而心肺功能较差的老年人则需要选择低强度、有氧运动为主的锻炼方式。

肌肉力量评估：通过测量老年人的肌肉力量，可以了解其肌肉系统的衰退程度。评估方法包括测量上肢、下肢等部位的肌肉力量，以及完成特定动作的能力。根据评估结果，可以为老年人制订针对性的力量训练计划，提高肌肉力量和耐力。

柔韧性评估：柔韧性是老年人运动能力的重要组成部分，良好的柔韧性有助于预防运动损伤、提高运动表现。评估方法包括测量关节活动范围、完成伸展动作的能力等。针对柔韧性较差的老年人，可以通过拉伸训练、瑜伽等方式进行改善。

平衡能力评估：平衡能力是老年人预防跌倒、保持独立生活能力的重要因素。评估方法包括静态平衡测试和动态平衡测试，如单脚站立、走直线等。根据评估结果，可以为老年人制订个性化的平衡训练计划，提高平衡能力。

（二）运动表现评估

运动表现评估是对老年人在实际运动中的表现进行观察和评价，主要包括运动速度、协调性、耐力等方面。

运动速度评估：通过测量老年人在特定运动中的速度，如步行速度、跑步速度等，可以了解其运动能力的水平。运动速度较快的老年人通常具有更好的心肺功能和肌肉力量，而运动速度较慢的老年人则需要通过训练提高运动能力。

协调性评估：协调性是老年人在运动中保持身体各部分协调配合的能力。评估方法包括观察老年人在完成复杂动作时的表现，如双手协调、手眼协调等。协调性较差的老年人可以通过专门的协调性训练进行改善，提高运动表现。

耐力评估：耐力是老年人在长时间运动中保持稳定表现的能力。评估方法包括测量老年人在长时间运动中的心率、呼吸频率等指标，以及观察其运动后的恢复情况。耐力较差的老年人可以通过增加有氧运动的时间和强度，提高耐力水平。

（三）运动风险评估

运动风险评估是对老年人在运动过程中可能面临的风险进行预测和评估，主要包括运动损伤风险、心血管疾病风险等。

运动损伤风险评估：老年人在运动过程中容易因力量不足、柔韧性差等原因导致运动损伤。评估方法包括了解老年人的运动史、伤病史等信息，以及观察其在运动中的动作和姿势。针对高风险老年人，可以制定个性化的运动方案，降低损伤风险。

心血管疾病风险评估：老年人是心血管疾病的高发人群，在运动过程中可能出现心绞痛、心律失常等症状。评估方法包括测量老年人的血压、血脂等指标，以及了解其心血管疾病史和家族史。对于高风险老年人，建议在运动前进行全面的医学检查，并在医生的指导下进行运动。

综上所述，对老年人运动能力的全面评估需要从身体机能、运动表现以及运动风险三个方面进行。通过评估，我们可以了解老年人的运动能力水平、制订个性化的运动方案、预防运动损伤和心血管疾病等风险,从而提高老年人的生活质量。同时,评估结果还可以作为后续运动训练和调整的依据,帮助老年人更好地保持和提升运动能力。

二、运动对老年人身体机能的整体影响

随着年龄的增长,老年人的身体机能逐渐出现衰退现象,而运动作为一种积极的生活方式,对老年人的身体机能具有显著的正面影响。以下将从四个方面详细阐述运动对老年人身体机能的整体影响。

(一)运动对心血管系统的影响

心血管系统是老年人身体机能中最为关键的部分之一,而运动对心血管系统的益处尤为显著。首先,规律的运动能够增强心肌的收缩力,提高心脏的泵血效率,从而改善血液循环,减少心血管疾病的发生风险。其次,运动有助于降低血压和血脂水平,进一步保护心血管健康。此外,运动还能增加血管弹性,减少动脉硬化的发生,有助于预防冠心病、中风等严重心血管疾病。

(二)运动对肌肉骨骼系统的影响

肌肉骨骼系统的健康对老年人来说至关重要,而运动是维持这一系统健康的重要手段。运动能够增强肌肉的力量和耐力,提高老年人的日常活动能力,减少跌倒和骨折的风险。同时,运动还能促进骨骼的代谢,增加骨密度,预防骨质疏松等骨骼疾病。此外,适当的运动还能改善关节的灵活性,减少关节炎等疾病的疼痛和不适。

(三)运动对代谢系统的影响

代谢系统的正常运作对于老年人的身体健康至关重要,而运动对代谢系统的积极影响不容忽视。首先,运动能够促进糖的代谢,提高胰岛素的敏感性,有助于预防和控制糖尿病。其次,运动能够加速脂肪的分解和代谢,减少脂肪在体内的堆积,有助于控制体重和预防肥胖。最后,运动还能提高身体对营养素的吸收和利用效率,改善营养状况,增强免疫力。

（四）运动对神经系统和心理状态的影响

神经系统和心理状态与老年人的生活质量密切相关，而运动对这两方面的影响同样显著。首先，运动能够促进神经系统的传导速度和反应能力，提高老年人的思维敏捷性和记忆力。其次，运动能够释放内啡肽等神经递质，有助于缓解焦虑、抑郁等负面情绪，提高老年人的心理幸福感。此外，运动还能促进社交互动，增强老年人的社会归属感，有助于预防孤独感和抑郁情绪的发生。

综上所述，运动对老年人身体机能的整体影响是多方面的、积极的。通过规律的运动锻炼，老年人可以显著改善心血管系统、肌肉骨骼系统、代谢系统以及神经系统和心理状态的健康状况。然而，需要注意的是，老年人在进行运动时应根据自身的身体状况和运动能力选择合适的运动方式和强度，避免过度运动造成的损伤。同时，老年人在运动前应做好热身活动和防护措施，在运动后应进行适当的拉伸和放松，以最大限度地发挥运动的益处并降低运动风险。

在未来的老年健康管理中，应更加注重推广运动锻炼的理念和方法，鼓励老年人积极参与各种形式的运动活动。通过科学的运动指导和健康教育，帮助老年人建立正确的运动习惯和生活方式，提高他们的身体机能和生活质量。此外，社区和家庭也应为老年人提供适宜的运动环境和设施，支持他们进行日常运动锻炼，共同营造健康、活力的老年生活氛围。

三、运动与老年人心理健康的整体关联

随着年龄的增长，老年人面临着身体机能的下降和社会角色的转变，这往往导致他们产生各种心理问题。运动作为一种积极的生活方式，不仅可以改善老年人的身体健康，还能显著提升他们的心理健康水平。以下将从四个方面详细阐述运动与老年人心理健康的整体关联。

（一）运动有助于缓解焦虑和抑郁情绪

在老年阶段，许多人可能会因为身体疾病、家庭问题、社交圈子缩小等原因而陷入焦虑和抑郁的情绪中。运动作为一种有效的情绪调节方式，可以通过释放内啡肽等神经递质，帮助老年人缓解压力和紧张情绪，提升心情。此外，

运动还能让老年人从烦恼中暂时解脱出来，专注于身体的运动和呼吸的调节，从而达到放松身心的效果。

（二）运动有助于提高老年人的自我认同和自信心

随着年龄的增长，老年人可能会因为身体机能的下降和社会角色的转变而感到自卑和失落。而运动可以让老年人在锻炼中感受到身体的进步和变化，提高自我价值感和自信心。通过参与适合自己的运动项目，老年人可以展示自己的能力和风采，增强自我认同和成就感。同时，运动还能让老年人在社交中结识新朋友，扩大社交圈子，进一步提升自我认同和自信心。

（三）运动有助于改善老年人的认知功能

随着年龄的增长，老年人的认知功能可能会出现下降的趋势，如记忆力减退、思维迟缓等。而运动可以通过促进血液循环和神经递质的释放，改善大脑的功能和结构，从而提高老年人的认知功能。有研究表明，长期坚持运动的老年人在记忆力、注意力和思维能力等方面都有显著的提升。此外，运动还能促进老年人的智力发展，提高他们的学习能力和创新能力。

（四）运动有助于增强老年人的社会支持和归属感

在老年阶段，社交支持和归属感对于心理健康至关重要。运动为老年人提供了一个与他人交流、互动的平台，有助于增强他们的社交支持和归属感。通过参与集体运动项目或健身活动，老年人可以结识志同道合的朋友，分享运动带来的快乐和成就感。同时，运动还能让老年人在团队中发挥自己的作用，增强集体荣誉感和归属感。

综上所述，运动与老年人心理健康的整体关联表现在多个方面。通过参与适合自己的运动项目，老年人不仅可以缓解焦虑和抑郁情绪、提高自我认同和自信心，还能改善认知功能、增强社会支持和归属感。因此，我们应该鼓励老年人积极参与运动活动，将运动作为促进心理健康的重要手段之一。同时，社会和家庭也应为老年人提供适宜的运动环境和支持，帮助他们享受运动带来的身心益处。

在推广老年人运动时，我们还需要关注个体差异和安全性。每个老年人的身体状况和运动能力都有所不同，因此，在制定运动方案时，应根据老年人的实际情况进行个性化调整。同时，老年人在运动过程中应注意安全，避免过度运动或运动损伤的发生。如有需要，可以寻求专业运动教练或医生的指导和建议。

此外，我们还应关注运动与老年人心理健康的长期效应。虽然短期内运动可能带来一定的心理益处，但长期坚持运动才能带来更为显著和持久的效果。因此，我们应该鼓励老年人将运动作为一种生活习惯坚持下去，以享受运动带来的长期心理健康益处。

在未来的研究中，我们可以进一步探讨不同运动类型、运动强度、运动频率等因素对老年人心理健康的具体影响，以制定更为科学有效的运动方案。同时，我们还可以通过深入研究运动与心理健康的生理机制，为老年人运动促进心理健康奠定更为坚实的理论基础。

四、整体观在老年人运动处方制定中的应用

整体观作为中医理论的核心思想之一，强调人体内部各脏腑器官之间的相互联系与相互依存，以及人体与外部环境之间的协调与适应。在老年人运动处方的制定中，引入整体观的思想，有助于我们更全面地考虑老年人的身体状况、运动需求以及环境因素，从而制定出更加科学、合理的运动方案。以下将从四个方面详细阐述整体观在老年人运动处方制定中的应用。

（一）综合考虑老年人的身体机能

在制定老年人运动处方时，首先要对老年人的身体机能进行全面的评估。这包括心肺功能、肌肉力量、柔韧性、平衡能力等多个方面。整体观强调人体各部分的相互关联，因此，在制定运动处方时，我们需要综合考虑这些方面的因素，避免只关注某一方面的训练而忽略其他方面。例如，对于心肺功能较差的老年人，我们可以选择低强度、有氧运动为主的锻炼方式；而对于肌肉力量较弱的老年人，则可以通过力量训练来提高肌肉力量和耐力。

（二）关注老年人的心理需求

除了身体机能外，老年人的心理需求也是制定运动处方时需要考虑的重要因素。整体观认为，人的身心健康是相互影响的。因此，在制定运动处方时，我们应关注老年人的心理状态，如焦虑、抑郁等情绪问题，以及他们的兴趣爱好和社交需求。通过选择适合老年人的运动项目，如太极拳、广场舞等，不仅可以锻炼身体，还能缓解压力、愉悦心情，促进社交互动。

（三）适应老年人的生活环境

老年人的生活环境也是制定运动处方时需要考虑的因素之一。整体观强调人与环境的和谐共生。因此，在制定运动处方时，我们需要了解老年人的居住环境、气候条件以及日常活动习惯等因素。例如，对于居住在山区或气候较冷地区的老年人，我们可以推荐一些适合户外运动的项目，如散步、慢跑等；而对于居住在城市或气候较热地区的老年人，则可以选择一些室内运动或在早晚气温较适宜时进行户外运动。

（四）个性化与整体性相结合

在运用整体观制定老年人运动处方时，还需要注意个性化与整体性的结合。每个老年人的身体状况、运动需求和环境因素都是独特的，因此，在制定运动处方时，我们需要根据老年人的具体情况进行个性化调整。同时，我们也要关注老年人身体的整体状况，确保运动处方能够全面促进老年人的身心健康。例如，对于患有慢性疾病的老年人，我们需要在制定运动处方时特别关注疾病的控制和预防，避免运动诱发疾病发作或加重。

此外，在制定运动处方时，我们还要关注运动的持续性和渐进性。整体观强调人体的动态平衡和适应性，因此，老年人的运动处方应该是一个逐步增加强度、难度和复杂性的过程。通过持续的、渐进的运动训练，老年人的身体机能和心理状态可以得到更好的改善和提升。

综上所述，整体观在老年人运动处方制定中的应用具有重要意义。通过综合考虑老年人的身体机能、心理需求、生活环境以及个性化与整体性的结合，我们可以制定出更加科学、合理的运动处方，为老年人的身心健康提供有力的保障。在未来的研究中，我们可以进一步探索整体观在老年人运动处方制定中的具体应用方法和效果评估，为老年人运动健康提供更为全面的指导。

第三节 老年人运动损伤的整体风险评估

随着社会的进步和人们生活水平的提高，越来越多的老年人开始注重运动锻炼，以期提高身体素质和生活质量。然而，老年人在运动过程中，由于身体机能下降、运动方式不当等原因，容易发生运动损伤。因此，对老年人运动损伤的整体风险评估显得尤为重要。

一、身体机能与运动损伤风险

老年人的身体机能普遍下降，包括肌肉力量减弱、关节灵活性降低、骨质疏松等。这些因素使得老年人在进行运动时更容易受伤。例如，肌肉力量的减弱可能导致老年人在进行力量训练时容易发生肌肉拉伤；关节灵活性的降低可能增加跌倒和关节扭伤的风险；骨质疏松则使老年人在受到外力冲击时更容易发生骨折。因此，在制定运动处方时，应根据老年人的身体机能状况，选择合适的运动项目和强度，避免过度运动导致的损伤。

二、运动方式与运动损伤风险

不同的运动方式对老年人运动损伤的风险有不同的影响。一些高强度的运动，如跑步、跳跃等，可能对老年人的关节和骨骼造成较大的冲击，增加损伤的风险。而一些低强度、有氧运动，如散步、太极拳等，则相对较为安全。此外，不正确的运动姿势和技巧也可能导致老年人发生运动损伤。因此，在选择运动项目时，老年人应根据自身的身体状况和运动能力，选择适合自己的运动方式，并在专业人员的指导下进行锻炼，确保运动的安全性和有效性。

三、运动环境与运动损伤风险

运动环境也是影响老年人运动损伤风险的重要因素。运动场地的不平整、湿滑或者存在障碍物都可能增加老年人跌倒的风险。此外，运动器械的不合适或老化也可能导致老年人受伤。因此，老年人在选择运动场地和器械时，应确保其安全性，避免在存在安全隐患的场地进行运动。同时，老年人在进行户外运动时，应注意天气状况和环境变化，避免因恶劣天气或突发状况导致运动损伤。

四、健康状况与运动损伤风险

老年人的健康状况也是评估运动损伤风险的重要方面。一些慢性疾病，如高血压、心脏病、糖尿病等，可能影响老年人的运动能力，增加运动损伤的风险。因此，老年人在开始运动前，应进行全面的健康检查，了解自己的身体状况，并在医生的指导下进行运动锻炼。在运动过程中，老年人应密切关注自己的身体状况，如出现不适或异常反应，应立即停止运动并及时就医。

综上所述，老年人运动损伤的整体风险评估是一个复杂而重要的过程。在评估过程中，我们应充分考虑老年人的身体机能、运动方式、运动环境和健康状况等多个方面，确保老年人能够科学、安全地进行运动锻炼。同时，我们也应加强对老年人的健康教育，提高他们的运动安全意识，降低运动损伤的风险。

为了进一步完善老年人运动损伤的整体风险评估体系，我们还需要进行更多的研究和实践。例如，可以针对不同年龄、性别和身体状况的老年人进行运动损伤风险的研究，以制定更加个性化的运动处方；同时，也可以探索更加科学的评估方法和手段，提高评估的准确性和有效性。相信随着研究的深入和实践的积累，我们能够为老年人提供更加安全、有效的运动锻炼方案，让他们享受更加健康、快乐的晚年生活。

第四节 运动对老年认知功能的整体观影响

一、运动对老年认知功能的促进作用

随着人口老龄化趋势的加剧，老年认知功能下降已成为社会关注的热点问

题。认知功能是指个体进行信息加工、存储和提取的能力，包括记忆、思维、判断等方面。研究表明，运动对老年认知功能具有显著的促进作用。以下将从三个方面详细探讨运动对老年认知功能的促进作用。

（一）运动提高老年记忆力

记忆力是认知功能的重要组成部分，对老年人来说尤为重要。随着年龄的增长，老年人的记忆力逐渐下降，常常出现遗忘、混淆等情况。而运动可以通过多种途径提高老年人的记忆力。

首先，运动能够促进血液循环，增加大脑的血液供应，为大脑提供充足的氧气和营养物质。这有助于改善大脑的功能状态，提高记忆能力。其次，运动能够刺激神经元的生长和连接，增强神经网络的连通性。这种连通性的增加有助于提高记忆的形成和存储能力。最后，运动还能够调节神经递质的水平，如多巴胺、去甲肾上腺素等，这些神经递质在记忆过程中发挥着重要作用。

多项研究证实了运动对老年记忆力的促进作用。例如，一项针对老年人的研究发现，长期坚持有氧运动能够显著提高他们的记忆力水平。另一项研究则发现，适度的力量训练也能够改善老年人的记忆能力。这些研究结果表明，无论是有氧运动还是力量训练，都能够对老年人记忆力产生积极的影响。

（二）运动增强老年思维活跃度

除了记忆力外，思维活跃度也是认知功能的重要方面。老年人常常因为思维僵化、反应迟钝而面临各种生活难题。而运动能够通过激活大脑的不同区域，增强老年人的思维活跃度。

一方面，运动能够刺激大脑前额叶和顶叶等区域的活跃度，这些区域与思维、判断、决策等高级认知功能密切相关。通过运动，老年人可以保持这些区域的活跃状态，延缓认知衰退。另一方面，运动还能够促进神经递质的释放，如内啡肽、血清素等，这些神经递质有助于改善情绪状态、提高思维活跃度。

一些实证研究也支持了运动对老年思维活跃度的促进作用。例如，一项研究发现，参与定期运动的老年人在思维测试中表现更好，他们更能够灵活应对各种问题。另一项研究则发现，运动能够改善老年人的执行功能，提高他们的决策能力和问题解决能力。

（三）运动延缓老年认知障碍

老年认知障碍是一种常见的神经系统疾病，包括阿尔茨海默病等。这些疾病会导致老年人记忆力、思维能力等认知功能严重下降，严重影响他们的生活质量。而运动被认为是一种有效的预防手段，能够延缓老年认知障碍的发生。

运动能够通过多种机制预防认知障碍的发生。首先，运动能够降低血压、改善血脂代谢等，这些生理指标的改善有助于减少血管性认知障碍的风险。其次，运动能够减少氧化应激和炎症反应，保护神经元免受损伤。最后，运动还能够促进神经元的再生和修复，提高大脑的自我修复能力。

多项研究表明，运动能够显著降低老年人患认知障碍的风险。例如，一项长期跟踪研究发现，长期坚持运动的老年人患阿尔茨海默病的风险较低。另一项研究则发现，运动能够改善轻度认知障碍患者的认知功能，延缓疾病的进展。

综上所述，运动对老年认知功能具有显著的促进作用。通过提高记忆力、增强思维活跃度以及延缓认知障碍的发生，运动有助于老年人保持健康的认知状态，提高生活质量。因此，老年人应该积极参与运动锻炼，享受运动带来的益处。同时，社会也应该加强对老年人运动健康的宣传和教育，为他们提供更多的运动资源和支持。

二、不同运动方式对认知功能的影响差异

随着人口老龄化的加剧，认知功能下降已成为老年人面临的一大健康问题。运动作为改善认知功能的有效途径，不同运动方式对其产生的影响却有所差异。本章节将从不同运动方式的角度，深入探讨有氧运动、力量训练和耐力训练对认知功能的影响差异，以期为老年人选择合适的运动方式提供理论依据。

（一）有氧运动对认知功能的积极影响

有氧运动是指通过持续、有节奏的运动来增强心肺功能，如慢跑、游泳、骑自行车等。这类运动对认知功能的积极影响主要表现在以下几个方面：

首先，有氧运动能够促进血液循环，增加大脑的血液供应，为神经元提供充足的氧气和营养物质。这种供应的增加有助于改善大脑的认知功能，包括记忆、思维和注意力等。

其次，有氧运动能够刺激大脑神经元的生长和连接，增强神经网络的连通性。这种连通性的增加有助于提高大脑的信息处理能力，使人们在面对复杂问题时能够更迅速、更准确地做出反应。

最后，有氧运动还能够降低身体的氧化应激反应，减少神经元的损伤和死亡，从而保护认知功能不受年龄和环境因素的影响。

多项研究证实了有氧运动对认知功能的积极影响。例如，一项针对老年人的研究发现，长期坚持有氧运动能够显著提高他们的记忆力和思维活跃度。另一项研究则发现，有氧运动能够改善老年人的情绪状态，减轻焦虑和抑郁等心理问题，进一步促进认知功能的提升。

（二）力量训练对认知功能的有限改善作用

力量训练主要通过锻炼肌肉和骨骼来提高身体的力量和耐力，如举重、俯卧撑、深蹲等。虽然力量训练对身体健康有着显著的益处，但其在改善认知功能方面的作用相对有限。

首先，力量训练主要关注肌肉和骨骼的锻炼，对大脑的直接影响较小。虽然通过力量训练可以提高身体的整体健康水平，从而间接促进认知功能的改善，但这种效果相对较弱。

其次，力量训练的强度和难度通常较高，对老年人来说可能存在一定的风险。如果运动强度过大或方法不当，可能会导致肌肉拉伤、关节损伤等运动伤害，反而对认知功能产生负面影响。

然而，一些研究也发现，适量的力量训练可以在一定程度上改善老年人的认知功能。这可能是因为力量训练能够提高身体的代谢水平，促进神经递质的释放，从而改善大脑的功能状态。但总体来说，力量训练对认知功能的改善作用相对较小，且需要谨慎选择运动方式和强度。

（三）耐力训练对认知功能的独特促进作用

耐力训练是一种通过长时间、低强度的运动来提高身体的耐力和适应能力的训练方式，如长跑、长时间游泳等。这种训练方式对认知功能具有独特的促进作用。

首先，耐力训练能够增强大脑的处理速度和注意力。通过长时间的锻炼，大脑会逐渐适应这种运动状态，提高处理信息的能力和专注力。这种能力的提升有助于老年人在日常生活中更好地应对各种挑战。

其次，耐力训练还能够促进神经元的再生和修复。在运动过程中，大脑会释放一些生长因子和神经营养因子，这些物质有助于神经元的生长和修复。这对于延缓认知衰老、保护大脑健康具有重要意义。

最后，耐力训练还能够改善睡眠质量、降低焦虑和压力水平等，这些都对认知功能的提升有着积极的影响。一些研究还发现，耐力训练能够改善老年人的执行功能，提高他们解决问题的能力。

然而，需要注意的是，耐力训练同样需要根据个人情况来选择合适的运动方式和强度。对老年人来说，过度运动可能会导致身体疲劳和受伤，反而对认知功能产生负面影响。因此，在进行耐力训练时，老年人应该根据自身的身体状况和健康状况来制订合适的运动计划。

综上所述，不同运动方式对认知功能的影响存在差异。有氧运动能够显著改善认知功能，而力量训练虽然对身体有益但对认知功能的改善作用有限。耐力训练则对认知功能具有独特的促进作用，但同样需要注意运动强度和方式的选择。因此，老年人在选择运动方式时应该根据自身情况和需求来制订合适的运动计划，以达到最佳的认知功能改善效果。

三、运动与认知功能衰退的整体干预策略

随着人口老龄化趋势的加剧，认知功能衰退已成为老年人面临的一大健康问题。运动作为改善认知功能的有效途径，其整体干预策略的制定与实施显得尤为重要。以下将从四个方面详细探讨运动与认知功能衰退的整体干预策略，以期为老年人提供更为全面、科学的健康指导。

（一）个性化运动方案的制定

个性化运动方案的制定是整体干预策略的基础。由于老年人的身体状况、运动习惯和认知功能衰退程度存在差异，因此需要根据个体的实际情况来制定运动方案。具体来说，需要综合考虑老年人的年龄、性别、身体健康状况、运动史等因素，结合其认知功能衰退的特点和程度，为其量身打造合适的运动计划。

在制定运动方案时，应注重运动的全面性、多样性和渐进性。全面性意味着运动应涵盖有氧运动、力量训练和柔韧性练习等多个方面，以全面促进身体健康和认知功能的提升。多样性则要求运动形式和内容应丰富多样，避免单一重复的运动方式导致身体适应和兴趣下降。渐进性则强调运动强度和时间应逐渐增加，以适应身体的变化和提高运动效果。

（二）运动与认知训练的有机结合

运动与认知训练的有机结合是整体干预策略的核心。运动能够改善大脑的血液供应和神经递质水平，促进神经元的生长和连接，从而改善认知功能。而认知训练则通过针对性的练习来提高大脑的认知储备和应对能力，延缓认知功能衰退的进程。

在实际操作中，可以将运动与认知训练相结合，如在运动过程中加入认知元素，如记忆宫殿、数独游戏等，或者在认知训练前后进行适量的运动，以提高训练效果。这种有机结合的方式能够充分发挥运动和认知训练的互补优势，更好地促进认知功能的提升。

（三）生活方式与运动干预的协同作用

生活方式与运动干预的协同作用是整体干预策略的重要组成部分。老年人的生活方式对其认知功能有着重要影响，如饮食、睡眠、社交等因素都与认知功能密切相关。因此，在制定运动干预策略时，应充分考虑生活方式的影响，并与之协同作用。

在饮食方面，应鼓励老年人摄入富含抗氧化物质、维生素和矿物质的食物，如蔬菜、水果、全谷类食物等，以提供大脑所需的营养支持。同时，应避免过多摄入高热量、高脂肪和高糖的食物，以维护身体健康和认知功能的稳定。

在睡眠方面，应帮助老年人建立良好的睡眠习惯，保证充足的睡眠时间和质量。睡眠不足或睡眠质量差会影响大脑的正常功能，加剧认知功能衰退的进程。

在社交方面，应鼓励老年人积极参与社交活动，与家人、朋友或社区成员保持联系。社交活动能够提供情感支持和认知刺激，有助于延缓认知功能衰退的速度。

（四）持续监测与调整干预策略

持续监测与调整干预策略是整体干预策略的保障。老年人的身体状况和认知功能衰退程度会随着时间的推移而发生变化，因此需要对运动干预策略进行持续的监测和调整。

在监测方面，应定期对老年人的身体状况和认知功能进行评估，以了解其变化情况。这可以通过定期体检、认知功能测试等方式实现。同时，还应关注老年人对运动干预策略的反馈和感受，以便及时调整策略。

在调整方面，应根据老年人的身体状况和认知功能衰退程度的变化，适时调整运动方案的内容和强度。对于身体状况较差或认知功能衰退较快的老年人，应适当降低运动强度或增加休息时间；而对于身体状况良好或认知功能衰退较慢的老年人，则可以适当增加运动强度或丰富运动内容。

此外，还应根据老年人的需求和兴趣来调整运动干预策略。只有让老年人真正喜欢并愿意参与运动，才能发挥其最大的效果。

综上所述，运动与认知功能衰退的整体干预策略需要从个性化运动方案的制定、运动与认知训练的有机结合、生活方式与运动干预的协同作用以及持续监测与调整干预策略等多个方面入手。通过科学、全面的干预策略，我们可以帮助老年人延缓认知功能衰退的进程，提高他们的生活质量。

第五节　长寿社会下整体观在老年运动中的应用

一、长寿社会对老年运动的新要求

随着医疗技术的进步和社会生活条件的改善，人类寿命不断延长，长寿社会逐渐成为现实。在这一背景下，老年人群的健康问题越发受到关注，其中运动作为保持身体健康、延缓衰老的重要手段，对老年人的生活质量具有重要影响。长寿社会对老年运动提出了新的要求，这些要求不仅体现在运动方式上，还涉及运动强度和运动频率等多个方面。

（一）个性化与多样化的运动需求

长寿社会中的老年人群体呈现出多样化的特点，他们在年龄、身体状况、运动习惯等方面存在差异。因此，对运动的需求也呈现出个性化的趋势。一方面，老年人需要根据自身的身体状况和健康状况选择适合自己的运动项目。例如，一些老年人可能更适合进行低强度的有氧运动，如散步、太极拳等，而另一些身体状况较好的老年人则可以选择进行适度的力量训练或高强度间歇训练。另一方面，老年人还需要根据自己的兴趣和爱好选择运动方式，以提高运动的积极性和持续性。

为了满足老年人个性化和多样化的运动需求，社会应提供丰富的运动资源和设施。例如，在社区或公园建设适合老年人运动的场所，提供多种运动器材和设施；同时，开展针对不同年龄段和健康状况的老年人的运动课程和讲座，帮助他们了解如何科学地进行运动锻炼。

（二）安全性与舒适性的运动环境

随着年龄的增长，老年人的身体机能逐渐下降，对运动环境的安全性和舒适性要求也更高。在运动过程中，老年人需要避免跌倒、碰撞等意外事件的发生，因此运动场所的安全性至关重要。同时，老年人对运动环境的舒适度也有较高要求，如空气质量、温度、湿度等因素都会影响他们的运动体验。

为了保障老年人运动的安全性和舒适性，运动场所的设计和管理应充分考虑老年人的特殊需求。例如，在运动场所设置防滑、防撞等安全设施；保持空气流通、温度适宜等舒适条件；同时，提供便捷的休息和补给设施，以满足老年人在运动过程中的需求。

（三）科学性与持续性的运动指导

长寿社会中的老年人需要更加科学、持续的运动指导，以帮助他们更有效地进行运动锻炼，达到延缓衰老、提高生活质量的目的。科学的运动指导应根据老年人的身体状况、运动习惯和目标制订个性化的运动计划，包括运动类型、运动强度、运动频率等方面的建议。同时，运动指导还应关注老年人在运动过程中的身体反应和变化，及时调整运动计划以适应他们的需求。

为了提供科学、持续的运动指导，社会应培养专业的老年运动指导人才。这些人才应具备丰富的运动知识和经验，能够针对老年人的特点制订有效的运动计划，并提供针对性的指导和建议。此外，社区、医疗机构等组织也应积极开展老年运动指导服务，为老年人提供专业的运动咨询和指导。

总之，长寿社会对老年运动提出了新的要求，这些要求不仅涉及运动方式、运动环境等方面，还强调了个性化、安全性、科学性和持续性等原则。为了满足这些要求，社会应提供丰富的运动资源和设施，建设安全、舒适的运动环境，并培养专业的老年运动指导人才，为老年人提供科学、有效的运动指导和服务。通过这些措施的实施，我们可以帮助老年人更好地享受运动带来的健康和快乐，促进长寿社会的和谐发展。

二、整体观在老年运动模式创新中的作用

随着社会的快速发展和人口老龄化的加剧，老年运动模式创新成为一个备受关注的话题。整体观作为一种全面、系统的思维方式，在老年运动模式创新中发挥着重要作用。以下将从三个方面详细阐述整体观在老年运动模式创新中的作用：

（一）促进老年运动模式的多元化与个性化

整体观强调事物的整体性和系统性，注重各个部分之间的相互联系和相互作用。在老年运动模式创新中，整体观促使我们综合考虑老年人的身体状况、运动习惯、兴趣爱好等多方面的因素，从而制定出更加多元化和个性化的运动方案。

一方面，整体观指导我们关注老年人的个体差异，根据他们的身体状况和运动能力，提供不同强度、不同形式的运动选择。例如，对于身体健康状况良好的老年人，可以推荐他们参与一些高强度的有氧运动或力量训练；而对于身体状况较差或存在慢性疾病的老年人，则可以设计一些低强度、易操作的运动项目，如瑜伽、太极等。

另一方面，整体观也强调老年人的兴趣爱好和心理需求在运动模式创新中的重要性。通过了解老年人的兴趣爱好，我们可以设计出更加有趣、富有挑战性的运动形式，激发他们的运动兴趣和积极性。同时，关注老年人的心理需求，如社交、尊重等，也可以在运动模式中融入更多的人文关怀，提升他们的运动体验。

（二）强调老年运动模式的整体效益与综合评估

整体观不仅关注事物的各个部分，更重视整体的功能和效益。在老年运动模式创新中，整体观要求我们不仅关注运动对老年人身体健康的促进作用，还要综合考虑运动对老年人心理健康、社会交往等方面的综合效益。

一方面，整体观促使我们关注运动对老年人身体健康的全面提升。通过科学合理的运动安排，可以改善老年人的心肺功能、增强肌肉力量、提高身体柔韧性等，从而延缓身体衰老、预防慢性疾病的发生。

另一方面，整体观也强调运动对老年人心理健康的积极作用。运动可以释放压力、缓解焦虑、改善睡眠等，有助于提升老年人的心理健康水平。同时，运动还可以为老年人提供社交机会，促进他们与他人的交流和互动，增强社会归属感和幸福感。

在综合评估方面，整体观要求我们从多个角度对老年运动模式进行全面的评估。这包括对运动模式的有效性、安全性、可接受性等方面的评估，以及对运动模式对老年人身体、心理、社会等多方面的综合效益的评估。通过综合评估，我们可以不断优化和完善老年运动模式，使其更加符合老年人的需求和期望。

（三）推动老年运动模式的持续发展与创新

整体观具有动态性和发展性，认为事物是处于不断变化和发展之中的。在老年运动模式创新中，整体观要求我们以发展的眼光看待问题，不断推动老年运动模式的持续发展与创新。

一方面，整体观促使我们关注老年人的运动需求和运动习惯的变化。随着社会的发展和科技的进步，老年人的运动需求和运动习惯也在不断变化。我们需要及时了解和掌握这些变化，根据老年人的新需求和新习惯，对运动模式进行及时的调整和创新。

另一方面，整体观也强调跨学科、跨领域的合作与交流在老年运动模式创新中的重要性。通过与其他学科和领域的合作与交流，我们可以借鉴和吸收更多的先进理念和技术手段，为老年运动模式的创新提供更多的思路和可能性。

同时，整体观还鼓励我们在老年运动模式创新中注重实践和反馈。通过实践检验运动模式的有效性和可行性，收集老年人的反馈意见和建议，不断对运动模式进行优化和改进。这种实践与反馈相结合的方法，有助于推动老年运动模式的持续发展与创新。

综上所述，整体观在老年运动模式创新中发挥着重要作用。它促进了老年运动模式的多元化与个性化发展，强调了运动模式的整体效益与综合评估的重要性，并推动了老年运动模式的持续发展与创新。在未来的老年运动模式创新实践中，我们应更加深入地贯彻整体观的理念和方法，为老年人提供更加科学、合理、有效的运动方案。

三、社会支持与老年运动的整体关联

老年运动在促进健康、延缓衰老和提高生活质量方面发挥着不可替代的作用。而社会支持作为老年人参与运动的重要外部因素，与其运动行为和健康状况密切相关。以下将从三个方面详细探讨社会支持与老年运动的整体关联：

（一）社会支持对老年运动参与意愿的促进作用

老年人的运动参与意愿往往受到多种因素的影响，其中社会支持是一个重要的推动力量。家庭、朋友、社区等社会网络为老年人提供了情感支持和实际帮助，使他们在面对运动的挑战时更有信心和动力。

首先，家庭成员的鼓励和支持能够激发老年人的运动热情。当家人对老年人的运动行为表示赞赏和认可时，他们会感到更加自豪和满足，从而更愿意坚持运动。此外，家人还可以陪伴老年人一起运动，共同分享运动的乐趣，增强家庭凝聚力。

其次，朋友和邻居的陪伴和支持也对老年人的运动参与意愿产生积极影响。老年人通过与朋友和邻居一起参加运动活动，可以拓展社交圈，增加社会互动，从而减轻孤独感和抑郁情绪。这种社会交往不仅能够提高老年人的生活质量，还有助于他们更好地融入社会。

最后，社区的支持和服务也对老年人的运动参与意愿起到重要作用。社区可以通过举办各种运动活动、提供运动场地和设施等方式，为老年人创造良好的运动环境。同时，社区还可以组织志愿者为老年人提供运动指导和帮助，解决他们在运动过程中遇到的困难和问题。

（二）社会支持对老年运动效果的增强作用

老年人的运动效果不仅取决于运动本身的质量和强度，还受到社会支持的影响。社会支持能够通过多种方式增强老年运动的效果，促进老年人的身心健康。

首先，社会支持能够减轻老年人的心理压力，提高他们的运动积极性。当老年人感受到来自社会的支持和关爱时，他们会更加自信地面对运动中的挑战和困难，减少焦虑和抑郁情绪。这种积极的心理状态有助于老年人更好地享受运动带来的乐趣和成就感，从而更愿意坚持运动。

其次，社会支持还能够促进老年人之间的交流和合作，提高运动的效果和质量。通过与他人一起运动，老年人可以相互学习、相互鼓励，共同探索更适合自己的运动方式和节奏。这种集体运动的形式不仅能够增强老年人的团队精神和合作意识，还能够提高他们的运动技能和水平。

最后，社会支持还能够为老年人提供更多的运动资源和信息，帮助他们更好地规划和管理自己的运动生活。例如，社区可以为老年人提供运动场地和设施的预约服务，让他们能够更加便捷地参与运动；同时，社区还可以定期发布运动健康知识和资讯，帮助老年人了解运动的科学方法和注意事项。

（三）社会支持与老年运动之间的相互影响与促进

社会支持与老年运动之间不是单向的关系，而是相互影响、相互促进的。老年人的运动行为会对其社会支持网络产生积极的影响，同时社会支持网络的变化也会反过来影响老年人的运动参与和效果。

首先，老年人的积极参与运动能够扩大其社会交往圈子，增强与他人的联系和互动。通过参加运动活动，老年人可以结识新朋友、拓展社交网络，从而增加社会支持的来源和渠道。这种社交互动不仅能够为老年人提供更多的情感支持和实际帮助，还能够提高他们的社会适应能力和生活质量。

其次，社会支持网络的变化也会对老年人的运动行为产生影响。当老年人的社会支持网络变得更加丰富和稳定时，他们会更加有信心和动力去参与运动；反之，当社会支持网络减弱或消失时，老年人可能会感到孤独和无助，从而影响其运动参与意愿和效果。因此，我们需要关注老年人的社会支持网络变化，及时为他们提供必要的支持和帮助，以保障他们的运动参与和健康福祉。

综上所述，社会支持与老年运动之间存在密切的整体关联。社会支持能够促进老年人的运动参与意愿和效果，而老年人的运动行为也能够对社会支持网络产生积极的影响。因此，我们应该重视社会支持在老年运动中的作用，通过多种方式加强社会支持网络建设，为老年人提供更加全面、有效的运动支持和保障。

四、整体观在促进老年健康长寿中的应用前景

随着人口老龄化的不断加剧，老年健康长寿问题日益受到社会的广泛关注。整体观作为一种全面、系统的思维方式，在促进老年健康长寿方面具有广阔的应用前景。以下将从三个方面详细探讨整体观在促进老年健康长寿中的应用前景：

（一）整体观在老年健康管理中的指导作用

整体观强调将人体视为一个有机整体，注重身体、心理、社会等多方面的相互关联和相互影响。在老年健康管理中，整体观的应用能够指导我们更加全面、系统地关注老年人的健康状况，制定个性化的健康管理方案。

首先，整体观有助于我们全面了解老年人的身体状况。通过综合考虑老年人的生理、病理、心理等多方面因素，我们可以更加准确地评估他们的健康状况，及时发现潜在的健康问题。这有助于我们为老年人提供针对性的健康指导和干预措施，预防和控制疾病的发生和发展。

其次，整体观还能够促进老年人的心理健康和社会适应。在健康管理中，我们不仅要关注老年人的身体健康，还要关注他们的心理健康和社会交往情况。通过提供心理支持、社会参与等方面的帮助，我们可以帮助老年人缓解焦虑、抑郁等负面情绪，提高他们的生活质量和幸福感。

（二）整体观在老年疾病预防与控制中的创新应用

老年人是疾病的高发人群，预防和控制疾病对于促进老年健康长寿具有重要意义。整体观在老年疾病预防与控制中的应用，能够为我们提供新的思路和方法。

一方面，整体观强调从整体上把握疾病的发生和发展规律。通过深入研究疾病的病因、病理、临床表现等多方面因素，我们可以更加全面地了解疾病的本质和特征。这有助于我们制定更加科学、有效的预防和控制措施，降低疾病的发病率和死亡率。

另一方面，整体观还注重个体间的差异性和多样性。在预防和控制疾病时，我们需要根据老年人的个体差异和健康状况，制定个性化的预防方案。例如，对于高血压、糖尿病等慢性疾病的老年人，我们可以通过调整饮食、增加运动等方式进行干预，帮助他们控制病情、延缓疾病进展。

（三）整体观在老年健康教育与健康促进中的实践意义

健康教育和健康促进是提升老年人健康素养、促进健康行为形成的重要途径。整体观在老年健康教育与健康促进中的应用，能够增强教育的系统性和实效性，推动老年人形成健康的生活方式。

首先，整体观有助于我们构建全面、系统的健康教育内容。通过综合考虑老年人的身体、心理、社会等多方面需求，我们可以制定更加贴近老年人实际、易于理解和接受的教育内容。这有助于提高老年人的健康意识和自我保健能力，使他们能够更好地管理自己的健康。

其次，整体观还能够促进健康教育的跨学科合作。在健康教育中，我们需要借鉴和吸收医学、心理学、社会学等多个学科的知识和方法。通过跨学科合作，我们可以为老年人提供更加全面、专业的健康教育服务，满足他们多样化的健康需求。

最后，整体观还强调健康教育的持续性和长期性。老年人的健康状况是一个动态变化的过程，我们需要根据他们的实际情况不断调整和优化教育内容和方法。通过持续的健康教育，我们可以帮助老年人形成健康的生活方式和行为习惯，为他们的健康长寿奠定坚实的基础。

综上所述，整体观在促进老年健康长寿中具有广阔的应用前景。通过将其应用于老年健康管理、疾病预防与控制以及健康教育与健康促进等方面，我们可以为老年人提供更加全面、系统的健康服务，促进他们的身心健康和长寿。随着社会的不断发展和进步，相信整体观在老年健康领域的应用将会越来越广泛和深入，为老年人的健康福祉贡献更多的力量。

第八章 儿童与整体观

第一节 儿童运动发展的整体观视角

一、儿童运动发展的阶段性与连续性

儿童运动发展是一个复杂而精彩的过程,它既有阶段性的特征,又表现出连续性的规律。这两个方面相互交织,共同构成了儿童运动能力发展的完整图景。下面将从三个阶段来详细阐述儿童运动发展的阶段性与连续性。

(一)初级阶段:基础动作与感知能力的发展

在儿童运动发展的初级阶段,基础动作和感知能力的形成是主要的任务。这个阶段通常发生在儿童出生后的头几年,是他们开始探索世界、与周围环境建立联系的关键时期。

在这个阶段,儿童开始学会翻滚、爬行、坐立等基本动作。这些动作不仅锻炼了他们的肌肉力量,还促进了身体协调性的发展。同时,儿童也开始发展感知能力,包括对空间、时间、距离等基本概念的感知。这些感知能力的发展为他们后续的运动技能学习奠定了基础。

值得注意的是,虽然这个阶段的基础动作和感知能力发展看似简单,但它们却具有连续性。儿童在不断地练习和探索中,逐渐完善这些基础能力,为更高阶段的运动发展做好准备。

(二)中级阶段:复杂动作与运动技能的形成

随着儿童年龄的增长,他们进入了运动发展的中级阶段。在这个阶段,儿

童开始学习和掌握更加复杂的动作和运动技能，如跑步、跳跃、投掷等。

这些复杂动作和运动技能的形成需要儿童在初级阶段的基础上，进一步锻炼和发展身体协调性、平衡感、力量控制等能力。同时，他们还需要学会运用这些能力来完成各种运动任务，如躲避障碍物、准确投掷等。

在这个阶段，儿童的运动发展也表现出明显的连续性。他们通过不断地练习和反馈，逐渐提高运动技能的熟练度和准确性。这种连续性的发展使得儿童的运动能力在中级阶段得到了显著的提升。

（三）高级阶段：专项技能与运动表现的提升

当儿童进入运动发展的高级阶段时，他们开始专注于特定运动项目的技能学习和表现提升。这个阶段通常发生在学龄期或青少年时期，是儿童运动能力发展的高峰时期。

在这个阶段，儿童开始接触并学习各种专项运动技能，如足球、篮球、游泳等。他们通过参加训练和比赛，不断提高自己的技能水平和运动表现。同时，他们也开始注重运动中的策略运用和团队协作，以取得更好的成绩。

在这个阶段，儿童的运动发展同样表现出连续性的特点。他们在学习和掌握新技能的过程中，不断巩固和提升已有的运动能力。同时，他们也通过反馈和调整，不断完善自己的运动表现。这种连续性的发展使得儿童在高级阶段能够取得更加出色的运动成绩。

综上所述，儿童运动发展的阶段性与连续性是密不可分的。从初级阶段的基础动作与感知能力的发展，到中级阶段的复杂动作与运动技能的形成，再到高级阶段的专项技能与运动表现的提升，每一个阶段都为下一阶段的发展奠定了基础。同时，每一个阶段的发展又都是连续的，儿童在不断地练习、反馈和调整中，逐渐提升自己的运动能力。

因此，我们在关注和促进儿童运动发展时，既要重视阶段性特征，针对不同阶段制订合适的教学计划和训练策略；又要关注连续性规律，确保儿童能够在连续的运动实践中不断提升自己的运动能力。只有这样，我们才能帮助儿童建立良好的运动基础，为他们的身心健康和全面发展打下坚实的基础。

同时，我们也应该认识到，儿童运动发展的阶段性与连续性并不是孤立的，它们受到多种因素的影响，包括遗传、环境、教育等。因此，在促进儿童运动发展的过程中，我们需要综合考虑这些因素，为儿童提供一个良好的运动环境和教育支持，以帮助他们充分发挥自己的运动潜能。

最后，我们还需要强调，儿童运动发展的目的不仅仅是提高运动技能，更重要的是通过运动锻炼儿童的身体素质、心理素质和社会适应能力。因此，在促进儿童运动发展的过程中，我们应该注重培养儿童的运动兴趣、运动习惯和运动精神，让他们在运动中享受快乐、健康成长。

二、身体、心理与社会因素在儿童运动发展中的整体作用

儿童运动发展是一个多维度的过程，其中身体、心理和社会因素各自扮演着重要的角色，并相互交织，共同影响着儿童的运动能力发展。下面将从这三个方面详细阐述它们在儿童运动发展中的整体作用。

（一）身体因素：运动发展的基石

身体因素是儿童运动发展的基础，包括身体素质、运动能力和协调能力等。身体素质是儿童运动发展的基石，包括身体健康状况、身体柔韧性、耐力和力量等方面。一个健康的身体为儿童提供了参与各种运动活动的可能性，而良好的身体素质则是他们进行高效运动的前提。

运动能力是儿童在各种运动中的表现能力，包括跑、跳、爬、滚等动作的掌握程度。这些基本动作技能的掌握不仅有助于儿童在日常生活中更加自如的活动，也是他们进一步学习更复杂的运动技能的基础。

协调能力则是指儿童在运动中各个身体部位的协调性和灵活性。良好的协调能力有助于儿童更加流畅地完成各种动作，提高运动效率，减少运动损伤的风险。

（二）心理因素：运动发展的内在动力

心理因素在儿童运动发展中起着内在动力的作用。

首先，动作发展对儿童的认知能力具有重要影响。通过运动实践，儿童能

够逐渐发展出感知、注意力、记忆和思维等认知能力。例如,通过爬行、走路等动作的练习,儿童能够更好地感知和理解周围的环境,提高空间感知和方向感。

其次,动作发展也对儿童的情感发展产生积极影响。运动为儿童提供了与他人互动和沟通的机会,有助于建立情感联系和情绪表达的能力。例如,儿童学会走路后,可以与父母一起散步,增进亲子关系,同时也能够通过动作表达自己的喜怒哀乐。

最后,运动发展还对社会能力具有促进作用。通过运动实践,儿童可以学会与他人合作、分享和交流,培养团队合作和社交技巧。例如,在团队运动中,儿童需要学会与队友协作,共同解决问题,这有助于他们形成积极的社会交往能力。

(三)社会因素:运动发展的外部环境

社会因素作为儿童运动发展的外部环境,同样发挥着重要作用。首先,家庭环境对儿童运动发展具有显著影响。父母的关注和支持能够为儿童提供良好的运动氛围和资源,激发他们的运动兴趣。同时,家庭中的互动和沟通也有助于培养儿童的情感和社会能力。

其次,幼儿园和社会环境也为儿童提供了丰富的运动机会和教育资源。幼儿园可以通过提供多样化的运动器械和游戏设施,为儿童创造有利于运动发展的环境。社会环境中的运动氛围和文化也会对儿童的运动兴趣产生积极影响。

此外,教育条件在儿童运动发展中起着主导作用。教育作为社会环境中最重要的因素之一,通过引导儿童参与各种运动活动,促进他们运动能力的发展。教育过程中的因材施教和个性化指导也有助于儿童充分发挥自己的运动潜能。

综上所述,身体、心理和社会因素在儿童运动发展中发挥着整体作用。身体因素是运动发展的基石,为儿童提供了参与运动的基础条件;心理因素是运动发展的内在动力,推动着儿童积极参与运动并享受其中的乐趣;社会因素则是运动发展的外部环境,为儿童提供了丰富的运动机会和教育资源。在促进儿童运动发展的过程中,我们需要综合考虑这三个方面的因素,为儿童创造一个有利于运动发展的全面环境。

同时，我们也应该认识到，每个儿童的身体、心理和社会背景都是独特的，因此在促进他们的运动发展时，需要采取个性化的方法和策略。例如，对于身体素质较差的儿童，可以通过有针对性的体能训练来提高他们的运动能力；对于心理发展较慢的儿童，可以通过游戏和互动来激发他们的运动兴趣；对于来自不同社会背景的儿童，可以通过创造包容和平等的运动环境来减少社会因素对他们运动发展的负面影响。

总之，身体、心理和社会因素在儿童运动发展中是相互关联、相互影响的。我们需要从多个维度出发，全面考虑这些因素的作用，为儿童的运动发展提供有力的支持和保障。

三、整体观在儿童运动能力评估中的应用

在儿童运动能力评估中，整体观的应用具有至关重要的意义。整体观强调从全面、综合的视角来评估儿童的运动能力，避免片面化或孤立地看待问题。下面将从四个方面详细阐述整体观在儿童运动能力评估中的应用。

（一）全面评估儿童的运动能力

整体观要求我们在评估儿童的运动能力时，要全面考虑各个方面的因素。这包括儿童的身体素质、运动技能、协调能力、反应速度等多个方面。通过综合评估这些方面，我们可以更加准确地了解儿童的运动能力水平，避免因为只关注某一方面而忽视其他重要方面。

在具体实施中，我们可以采用多种评估方法和技术手段，如体能测试、技能评估、动作观察等，以获取儿童在运动能力各个方面的数据和信息。同时，我们还要关注儿童在不同运动项目和情境下的表现，以便更全面地了解他们的运动能力特点。

（二）关注儿童运动能力的发展过程

整体观还强调要关注儿童运动能力的发展过程。儿童的运动能力是一个不断发展的过程，他们在不同的年龄阶段会表现出不同的特点和水平。因此，我们在评估儿童运动能力时，不仅要关注他们的当前水平，还要关注他们的发展

潜力和进步空间。

为了实现这一目标，我们需要建立儿童运动能力发展的档案，记录他们在不同时间点的运动能力表现。通过对比和分析这些数据，我们可以了解儿童运动能力的发展趋势和变化规律，为制订个性化的训练计划提供依据。

（三）综合考虑身体、心理和社会因素

整体观要求我们在评估儿童运动能力时，要综合考虑身体、心理和社会因素。这些因素相互作用、相互影响，共同决定着儿童的运动能力表现。因此，我们不能仅仅从身体层面来评估儿童的运动能力，还要关注他们的心理状态和社会适应能力。

例如，在评估儿童的协调能力时，我们需要考虑他们是否受到情绪或压力的影响；在评估儿童的团队合作能力时，我们需要关注他们在团队中的表现和互动情况。通过综合考虑这些因素，我们可以更准确地评估儿童的运动能力，并找出可能存在的问题和改进方向。

（四）强调个性化和差异化评估

整体观还强调在评估儿童运动能力时要注重个性化和差异化。每个儿童都是独一无二的个体，他们在运动能力方面存在着明显的个体差异。因此，我们不能采用一刀切的评估标准和方法来对待所有儿童，而应该根据他们的实际情况和特点进行个性化和差异化的评估。

为了实现个性化和差异化的评估，我们需要深入了解每个儿童的身体状况、兴趣爱好、性格特点等方面的信息。在此基础上，我们可以制定针对性的评估方案，采用合适的评估工具和方法来评估他们的运动能力。同时，我们还要关注儿童在运动能力方面的优势和不足，为他们提供有针对性的指导和建议。

综上所述，整体观在儿童运动能力评估中的应用具有重要意义。通过全面评估儿童的运动能力，关注其发展过程，综合考虑身体、心理和社会因素以及强调个性化和差异化评估，我们可以更准确地了解儿童的运动能力状况，为制订个性化的训练计划和提升他们的运动能力提供有力支持。

同时，我们也需要认识到整体观的应用是一个持续不断的过程。随着儿童

年龄的增长和运动能力的发展,我们需要不断更新和完善评估方法和手段,以确保评估结果的准确性和有效性。此外,我们还应该注重与家长、教练等相关人员的沟通和合作,共同关注儿童的运动能力发展,为他们创造一个更加有利于运动能力发展的环境。

在未来的儿童运动能力评估中,整体观将继续发挥重要作用。随着科技的不断进步和评估方法的不断创新,我们有理由相信,通过整体观的应用,我们将能够更好地了解儿童的运动能力状况,为他们提供更加全面、科学、有效的评估和指导。

四、促进儿童运动全面发展的整体策略

儿童运动能力的全面发展是教育者和家长共同关注的重要课题。为了实现这一目标,我们需要从多个维度出发,制定并执行一套系统的整体策略。以下将从四个方面详细阐述促进儿童运动全面发展的整体策略。

(一)构建多元化的运动环境

首先,为了促进儿童运动能力的全面发展,我们需要为他们构建一个多元化、富有挑战性的运动环境。这个环境应该包括各种不同类型的运动设施和活动空间,以满足儿童在不同阶段和不同方面的运动需求。

例如,在幼儿园或小学中,我们可以设置攀爬架、滑梯、秋千等户外游乐设施,鼓励儿童进行大肌肉群的活动和协调性训练。同时,我们还可以在室内设置小型运动场、舞蹈室等,为儿童提供进行体操、舞蹈等精细动作训练的机会。

此外,我们还可以通过组织户外探险、徒步旅行等活动,让儿童在自然环境中进行运动锻炼,增强他们的体能和适应能力。

(二)实施个性化教学计划

每个儿童的运动能力发展速度和特点都有所不同,因此,我们需要根据他们的个体差异,制订个性化的教学计划。这个计划应该结合儿童的兴趣爱好、身体素质和运动能力,为他们量身打造合适的运动项目和训练内容。

例如,对于运动能力较强的儿童,我们可以为他们设计更具挑战性的训练

任务，以激发他们的潜能；对于运动能力较弱的儿童，我们可以从基础动作和协调性训练开始，逐步提高他们的运动能力。

同时，我们还应该关注儿童在运动过程中的情感体验，让他们在享受运动乐趣的同时，也能感受到自己的进步和成就。

（三）注重身体与心理的协同发展

运动不仅对身体素质的提升有重要作用，还对儿童的心理发展具有积极影响。因此，在促进儿童运动全面发展的过程中，我们需要注重身体与心理的协同发展。

一方面，我们可以通过运动锻炼提高儿童的身体素质，增强他们的自信心和自尊心。另一方面，我们还可以利用运动活动来培养儿童的团队合作精神、竞争意识和抗压能力等心理素质。

例如，在团队运动中，我们可以引导儿童学会与他人合作、分享和沟通，培养他们的团队协作能力和社交技能；在竞技比赛中，我们可以鼓励儿童勇于面对挑战、接受失败，并从失败中汲取经验教训，提高他们的抗挫能力和竞争意识。

（四）加强家庭、学校与社会的联动

儿童运动能力的全面发展需要家庭、学校和社会三方面的共同努力和配合。因此，我们需要加强这三者之间的联动，形成合力，共同促进儿童运动能力的发展。

家庭是儿童成长的摇篮，家长应该积极参与儿童的运动活动，为他们提供必要的支持和引导。学校作为教育的主阵地，应该为儿童提供多样化的运动课程和活动机会，培养他们的运动兴趣和习惯。社会则应该为儿童创造安全、健康的运动环境，提供丰富的运动资源和指导服务。

为了实现家庭、学校与社会的有效联动，我们可以采取以下措施：首先，加强家校沟通，定期向家长反馈儿童在学校的运动表现，引导家长关注并支持儿童的运动发展；其次，建立校社合作机制，利用社区资源开展运动活动，为儿童提供更多的锻炼机会；最后，加强社会宣传和教育，提高公众对儿童运动

能力发展的认识和重视程度。

综上所述，促进儿童运动全面发展需要我们从多个方面入手，构建多元化运动环境、实施个性化教学计划、注重身体与心理的协同发展以及加强家庭、学校与社会的联动。通过这些策略的实施，我们可以为儿童创造一个更加有利于运动能力发展的环境，帮助他们充分发挥自己的潜能，实现身心的健康成长。

同时，我们也应该认识到，促进儿童运动全面发展是一个长期而复杂的过程，需要教育者和家长持续不断的努力和探索。在未来的工作中，我们应该继续关注儿童运动能力发展的新趋势和新需求，不断更新和完善我们的教学策略和方法，为儿童的全面发展贡献更多的智慧和力量。

最后，让我们共同携手，为儿童的运动能力发展创造一个更加美好的未来。相信通过我们的共同努力，每一个孩子都能在运动中找到乐趣，实现身心的全面和谐发展。

第二节 成长期整体观对运动技能习得的影响

一、运动技能习得的整体过程分析

运动技能习得是儿童成长过程中的重要环节，它涉及儿童身体、心理和认知等多个方面的发展。整体而言，运动技能习得是一个复杂而系统的过程，需要儿童在不断的实践中逐步掌握和提高。下面将从四个方面对运动技能习得的整体过程进行详细分析。

（一）基础动作与感知能力的建立

儿童在运动技能习得的初期阶段，主要任务是建立基础动作和感知能力。基础动作包括走、跑、跳、爬等基本运动形式，这些动作是儿童后续学习更复杂技能的基础。感知能力则是指儿童对自己身体位置和运动状态的感知，以及对外界环境的感知。

在这一阶段，儿童通过大量的身体活动来探索和感知自己的身体和环境。

他们会在游戏中尝试不同的动作和姿势,逐渐掌握基础动作的要领和技巧。同时,他们也会通过观察和模仿他人的动作来学习新的运动形式。

教师和家长在此时的作用至关重要。他们需要为儿童提供丰富的运动环境和机会,鼓励他们尝试不同的运动形式,并在必要时给予适当的指导和帮助。此外,他们还需要关注儿童的感知能力发展,确保他们能够准确地感知自己的身体位置和运动状态。

(二)动作协调与精细控制的发展

随着基础动作和感知能力的建立,儿童开始进入动作协调和精细控制的发展阶段。在这一阶段,儿童需要学会如何将不同的动作组合起来,形成连贯的运动序列,并能够在运动中保持身体的平衡和稳定。

为了实现这一目标,儿童需要通过大量的练习来提高自己的动作协调性和精细控制能力。他们会在游戏中尝试更复杂的运动任务,如追逐、躲闪、抛接球等,通过不断的实践和调整来逐渐提高自己的技能水平。

教师和家长在此阶段应关注儿童的技能发展特点,为他们提供合适的挑战和反馈。他们可以通过设置不同难度的游戏和任务来激发儿童的兴趣和动力,并在儿童遇到困难时给予及时的帮助和支持。

(三)运动策略与思维能力的提升

随着动作协调和精细控制的发展,儿童开始进入运动策略与思维能力的提升阶段。在这一阶段,儿童不再仅仅依靠身体的自然反应来完成运动任务,而是开始运用思维来制定和执行运动策略。

他们开始思考如何在不同的环境和情境下选择合适的动作和技能,如何应对突发情况和挑战,如何与他人合作完成任务等。这些思维过程不仅有助于儿童更好地完成运动任务,还有助于他们发展出更加复杂和高级的认知能力。

在这一阶段,教师和家长应鼓励儿童多思考、多尝试、多总结。他们可以通过设置需要儿童思考和解决问题的运动任务来激发儿童的思维活动,也可以通过引导儿童观察和分析他人的运动表现来帮助他们学习新的运动策略和技巧。

（四）技能迁移与综合运用能力的形成

最后，随着儿童运动技能的不断提高和经验的积累，他们开始进入技能迁移与综合运用能力的形成阶段。在这一阶段，儿童能够将所学的技能迁移到不同的运动项目和情境中，并能够在复杂的运动任务中综合运用多种技能。

例如，一个擅长踢球的儿童可能会将他在踢球中学到的控球、传球和射门等技能迁移到篮球运动中，从而在篮球场上也表现出色。这种技能迁移和综合运用能力的形成标志着儿童运动技能习得的成熟和全面。

在这一阶段，教师和家长应关注儿童的技能迁移和综合运用能力的发展情况，为他们提供多样化的运动体验和机会。他们可以通过组织跨项目的运动活动或比赛来让儿童尝试不同的运动项目，也可以通过设计综合性的运动任务来锻炼儿童的综合运用能力。

同时，教师和家长还需要注意培养儿童的创新意识和解决问题的能力。他们可以鼓励儿童在运动中尝试新的动作和策略，也可以引导他们在遇到问题时主动思考和寻找解决方案。

综上所述，运动技能习得是一个复杂而系统的过程，需要儿童在不断的实践中逐步掌握和提高。在这个过程中，基础动作与感知能力的建立、动作协调与精细控制的发展、运动策略与思维能力的提升以及技能迁移与综合运用能力的形成都是不可或缺的环节。教师和家长应密切关注儿童的技能发展情况，为他们提供适当的支持和指导，帮助他们建立坚实的运动技能基础，为未来的健康成长奠定坚实的基础。

二、整体观在运动技能教学中的应用

整体观在运动技能教学中的应用，强调将运动技能的学习置于一个更广泛、更系统的背景下进行，注重技能之间的内在联系和相互影响，以及技能学习与儿童整体发展的协调性。下面将从三个方面详细阐述整体观在运动技能教学中的应用。

（一）构建系统性的运动技能教学体系

整体观要求我们在运动技能教学中，将各个技能项目视为一个相互联系、相互影响的整体,而非孤立存在。因此,构建系统性的运动技能教学体系至关重要。

首先,我们需要根据儿童的身心发展特点和运动技能发展规律,制订科学、合理的教学计划。这个计划应该包括基础技能、进阶技能以及综合运用技能等多个层次,确保儿童能够循序渐进地掌握各项技能。

其次,我们需要注重技能之间的内在联系和衔接。例如,在教授篮球运球技能时,可以将其与传球、投篮等技能相结合,通过组合练习和实战模拟等方式,让儿童在实际运用中体会技能之间的联系和相互影响。

最后,我们还需要关注技能学习与儿童整体发展的协调性。运动技能教学不仅是为了让儿童掌握技能,更重要的是促进他们的身心健康发展。因此,在教学中我们应该注重培养儿童的协作能力、创新能力以及解决问题的能力等综合素质。

(二)注重个体差异与因材施教

整体观强调在运动技能教学中关注儿童的个体差异,因材施教,以满足不同儿童的发展需求。

首先,我们需要了解每个儿童的运动技能水平和兴趣爱好,以便为他们制订个性化的教学计划。对于技能水平较高的儿童,我们可以为他们设计更具挑战性的任务,激发他们的潜能;对于技能水平较低的儿童,我们可以从基础动作和协调性训练开始,逐步提高他们的技能水平。

其次,我们还需要关注儿童在学习过程中的情感体验。运动技能学习需要付出一定的努力和汗水,有时可能会遇到挫折和困难。因此,在教学中我们应该注重培养儿童的自信心和毅力,鼓励他们勇敢面对挑战,享受运动带来的乐趣。

此外,我们还可以利用多元评价的方式,全面了解儿童在运动技能学习中的表现和进步。通过自我评价、同伴评价和教师评价等多种方式,让儿童更加清晰地认识自己的优点和不足,从而有针对性地改进和提高。

(三)强化实践教学与跨学科融合

整体观要求我们在运动技能教学中强化实践教学,注重儿童的亲身体验和实际操作，同时加强跨学科融合，以促进儿童全面发展。

首先，实践教学是运动技能教学的重要组成部分。通过组织丰富多样的实践活动，如运动比赛、户外探险、体能挑战等，让儿童在亲身参与中感受运动的魅力，提高运动技能水平。这些实践活动不仅有助于儿童掌握运动技能，还能培养他们的团队协作、沟通能力和竞争意识等综合素质。

其次，跨学科融合也是整体观在运动技能教学中的重要体现。运动技能学习不仅涉及体育学科的知识和技能，还与科学、艺术、数学等多个学科密切相关。因此，在教学中我们应该注重跨学科知识的整合和应用，通过跨学科项目式学习等方式，让儿童在解决实际问题中综合运用所学知识，提高综合素质。

例如，在教授足球技能时，我们可以结合物理学中的力学原理来解释踢球技巧；在教授舞蹈技能时，我们可以融入音乐和艺术元素来增强舞蹈的表现力。这样的跨学科融合不仅有助于丰富教学内容和形式，还能激发儿童的学习兴趣和创造力。

综上所述，整体观在运动技能教学中的应用具有重要意义。通过构建系统性的运动技能教学体系、注重个体差异与因材施教以及强化实践教学与跨学科融合等措施，我们可以更好地促进儿童运动技能的发展，培养他们的综合素质和全面发展能力。同时，这也需要教育者不断更新教育理念和方法，以适应儿童身心发展的需求和时代发展的需要。在未来的运动技能教学中，我们应该继续探索和实践整体观的应用，为培养更多具有健康体魄和全面素养的儿童贡献力量。

三、个体差异与运动技能习得的整体关联

个体差异在运动技能习得过程中扮演着至关重要的角色。每个儿童在运动能力、兴趣、学习方式等方面都存在着差异，这些差异不仅影响着他们技能学习的速度和效果，还决定着他们技能发展的方向和潜力。因此，深入了解个体差异与运动技能习得的整体关联，对于优化教学方法、提高教学效果具有重要意义。

（一）个体差异对运动技能习得速度的影响

儿童在运动技能习得方面的速度存在显著差异。一些儿童可能很快就能掌握新的技能，而另一些儿童则需要更长的时间。这种差异主要受遗传因素、身体素质、前期经验等多种因素的影响。

遗传因素在运动技能习得中起着基础性作用。例如，某些儿童可能天生具有较好的协调性、平衡感或柔韧性，这使得他们在学习某些技能时更具优势。然而，遗传因素并非决定性的，后天环境和努力同样重要。

身体素质也是影响运动技能习得速度的关键因素。力量、速度、耐力等身体素质较好的儿童，在学习需要高强度或长时间运动的技能时，往往能更快地适应和掌握。

此外，前期经验也会对运动技能习得速度产生影响。有过类似技能学习经验的儿童，在学习新技能时往往能更快地理解和运用相关知识和技能。

因此，教师在面对不同学习速度的儿童时，需要采取差异化的教学策略。对于学习速度较快的儿童，可以提供更具挑战性的任务，激发他们的潜能；对于学习速度较慢的儿童，则需要给予更多的耐心和指导，帮助他们逐步建立信心和提高技能。

（二）个体差异对运动技能发展方向的影响

除了影响习得速度，个体差异还会决定儿童在运动技能发展方向上的选择。每个儿童都有自己的兴趣爱好和特长，这些因素会引导他们选择适合自己的运动项目和技能发展方向。

兴趣是驱动儿童学习的重要因素。对于某项运动或技能有浓厚兴趣的儿童，往往会在该领域投入更多时间和精力，从而取得更好的学习效果。因此，教师应该尊重儿童的兴趣选择，为他们提供多样化的运动体验机会，让他们在实践中发现自己的潜力和兴趣所在。

特长也是影响运动技能发展方向的重要因素。一些儿童可能在某些方面具有天然优势，如身体协调性、空间感知能力等。这些特长会使他们在某些运动项目中更具竞争力。因此，教师应该善于发现儿童的特长，并针对性地进行培养和发展，帮助他们实现个人潜能的最大化。

同时，教师还需要关注儿童在运动技能发展方向上的全面性和平衡性。虽然每个儿童都有自己的优势和兴趣点，但过度专注于某一技能或项目可能导致其他技能或身体素质的忽视。因此，教师需要引导儿童在多个领域进行尝试和探索，以促进他们全面发展。

（三）个体差异在运动技能教学策略中的应用

针对个体差异在运动技能习得中的影响，教师在教学策略上需要进行相应的调整和优化。

首先，教师应该采用因材施教的方法，根据每个儿童的具体情况制订个性化的教学计划。这包括了解儿童的运动能力、兴趣爱好、学习风格等信息，为他们设计合适的技能学习任务和练习方法。

其次，教师应该注重培养儿童的自主学习能力和合作学习能力。通过提供开放性的学习环境和任务，鼓励儿童主动探索和实践，培养他们的创新思维和解决问题的能力。同时，通过小组合作和互动学习的方式，让儿童在相互帮助和支持中共同提高技能水平。

此外，教师还应该关注儿童在运动技能学习过程中的情感体验。对于学习困难或进步缓慢的儿童，教师需要给予更多的鼓励和支持，帮助他们建立信心并克服障碍。对于表现出色的儿童，则可以给予适当的挑战和激励，以促进他们更高水平的发展。

最后，教师还需要加强与家长的沟通和合作。通过定期与家长交流儿童的运动技能学习情况和发展状况，共同制订教育计划和策略，形成教育合力，为儿童的全面发展提供有力支持。

综上所述，个体差异与运动技能习得之间存在着密切的整体关联。教师需要深入了解每个儿童的具体情况，采取差异化的教学策略，以帮助他们更好地掌握运动技能并实现个人潜能的最大化。同时，教师还需要关注儿童在运动技能发展方向上的选择和发展，引导他们实现全面而均衡的发展。

第三节　整体观在儿童运动训练中的应用

一、儿童运动训练的整体目标与原则

儿童运动训练是一个系统而全面的过程，旨在通过科学的方法和手段，促进儿童身心健康发展，提高他们的运动能力和综合素质。在这个过程中，明确整体目标与原则至关重要，它们为训练提供了方向和准则，确保训练的有效性和安全性。

（一）整体目标

儿童运动训练的整体目标主要包括以下几个方面：

1. 促进身体健康发展

儿童时期是身体发育的关键时期，运动训练的首要目标就是促进儿童的身体健康发展。通过训练，增强儿童的心肺功能、肌肉力量和耐力，改善身体协调性和灵敏性，为他们打下坚实的身体基础。

2. 培养运动兴趣和习惯

培养儿童对运动的兴趣和习惯是运动训练的重要目标之一。通过丰富多样的训练内容和形式，激发儿童对运动的热爱和好奇心，引导他们积极参与体育活动，形成良好的运动习惯，为终身运动奠定基础。

3. 提高运动技能和竞技水平

在培养兴趣和习惯的基础上，运动训练还应注重提高儿童的运动技能和竞技水平。通过系统的技能学习和训练，帮助儿童掌握正确的动作要领和技巧，提高他们的运动表现和竞技能力，为未来的运动发展打下坚实基础。

4. 培养良好的心理品质

运动训练不仅是对身体的锻炼，更是对心理的磨砺。通过训练，培养儿童坚韧不拔、勇敢顽强的意志品质，提高他们的自信心和抗挫折能力，促进心理健康发展。

（二）训练原则

为了确保儿童运动训练的有效性和安全性，需要遵循以下原则：

1. 循序渐进原则

儿童的身体发育和运动能力是一个逐步发展的过程，因此训练应遵循循序渐进的原则。从简单到复杂、从易到难，逐步提高训练难度和要求，确保儿童能够适应并逐步提高运动水平。

2. 全面性原则

儿童运动训练应注重全面发展，既要注重身体各部位、各系统的锻炼，又要注重技能、体能、心理等多方面的培养。通过多样化的训练内容和形式，促进儿童身心全面发展。

3. 个性化原则

每个儿童的身体状况、兴趣爱好和运动能力都存在差异，因此训练应遵循个性化原则。根据每个儿童的具体情况，制订个性化的训练计划和方案，以满足他们的不同需求和发展潜力。

4. 安全性原则

安全性是儿童运动训练的首要原则。在训练过程中，应确保儿童充分热身，穿着合适的运动服装和鞋子，选择合适的训练场地和器材，避免过度训练和伤害风险。同时，教师或教练应具备一定的急救知识和技能，以应对可能出现的意外情况。

5. 激励性原则

在训练过程中，应注重激励和表扬，激发儿童的积极性和自信心。通过设定合理的目标和奖励机制，鼓励儿童不断挑战自己，超越自我，实现自我价值的提升。

综上所述，儿童运动训练的整体目标与原则为训练提供了明确的方向和准则。在实际训练中，教师应根据儿童的具体情况和发展需求，灵活运用这些原则和方法，确保训练的有效性和安全性。同时，还应关注儿童的身心变化和发展动态，及时调整训练计划和策略，以促进儿童的全面发展和健康成长。

此外，儿童运动训练不仅是学校和体育机构的责任，也需要家长的积极参与和支持。家长应了解并支持儿童的运动训练计划,鼓励他们积极参与体育活动,为他们提供必要的物质和精神支持。同时,家长还应关注儿童在训练过程中的身心变化,及时与教师或教练沟通,共同为儿童的健康成长创造有利条件。

最后,值得注意的是,儿童运动训练是一个长期而持续的过程,需要耐心和毅力。教师和家长应共同努力,为儿童创造一个良好的运动环境和氛围,让他们在运动中体验快乐、健康成长。通过科学的训练方法和手段,我们相信每个儿童都能在运动中发挥自己的潜力,实现身心健康的全面发展。

二、训练方法与儿童身心发展的整体匹配

在儿童运动训练中,训练方法的选择与应用是至关重要的一环。它不仅直接关系着训练效果的好坏,更与儿童的身心发展紧密相关。因此,我们必须确保训练方法与儿童身心发展的整体匹配,以达到最佳的训练效果。

(一)训练方法与儿童生理发展的匹配

儿童的生理发展是一个从稚嫩到成熟的过程,不同年龄段的儿童在身体结构、功能以及运动能力等方面都存在显著差异。因此,训练方法的选择必须根据儿童的生理特点进行。

对于幼儿期儿童,他们的骨骼、肌肉和关节等运动系统尚未发育完全,运动能力相对较弱。因此,训练方法应以游戏化和趣味性为主,通过轻松愉快的活动形式激发儿童的运动兴趣,同时注重基础动作和协调性的培养。

随着儿童进入学龄期,他们的身体机能和运动能力逐渐增强,可以承受更高强度的训练。此时,训练方法应逐渐转向技能化和专业化,通过系统的技能学习和训练,提高儿童的运动水平和竞技能力。

在青春期阶段,儿童的生理发育进入高峰期,身体发生显著变化。此时,训练方法应注重个体差异,根据每个儿童的身体状况和运动能力制订个性化的训练计划,避免过度训练和运动损伤。

(二)训练方法与儿童心理发展的匹配

儿童的心理发展同样是一个复杂而多变的过程,他们的认知能力、情感表

达和意志力等方面都在不断发展变化。因此，训练方法的选择也需要与儿童的心理发展相匹配。

在幼儿期，儿童的好奇心和探索欲望强烈，对新鲜事物充满兴趣。训练方法应充分利用这一特点，通过多样化的训练内容和形式，激发儿童的好奇心和探索精神，培养他们的运动兴趣和习惯。

随着儿童年龄的增长，他们的认知能力和自我意识逐渐增强，开始有了自己的目标和追求。此时，训练方法应注重培养儿童的自主性和合作性，通过小组合作和竞赛等形式，培养他们的团队协作精神和竞争意识。

在青春期阶段，儿童面临着身心变化带来的挑战和压力，情绪波动较大。训练方法应关注儿童的情感需求，通过积极的沟通和引导，帮助他们建立正确的运动价值观和态度，培养他们的抗挫折能力和自信心。

（三）训练方法的科学性与创新性

除了与儿童身心发展相匹配外，训练方法的选择还应注重科学性和创新性。

科学性是指训练方法应基于运动训练的科学原理和实践经验，遵循运动训练的基本规律。在选择训练方法时，我们应充分考虑儿童的生理特点和心理需求，确保训练内容的安全性和有效性。同时，我们还应关注最新的运动训练研究成果，不断更新和优化训练方法，以适应儿童身心发展的变化。

创新性则是指训练方法应具有新颖性和独特性，能够激发儿童的运动兴趣和积极性。在实际训练中，我们可以尝试将传统的训练方法与现代科技手段相结合，创造出更具吸引力和趣味性的训练形式。例如，利用虚拟现实技术为儿童提供沉浸式的运动体验，通过智能设备记录和分析儿童的运动数据，为他们提供个性化的训练建议等。

综上所述，训练方法与儿童身心发展的整体匹配是确保训练效果的关键所在。在实际训练中，我们应充分考虑儿童的生理特点和心理需求，选择科学、创新的训练方法，以促进儿童的全面发展。同时，我们还应关注儿童的个体差异和兴趣变化，及时调整训练策略，确保每个儿童都能在运动中受益。

此外，为了更好地实现训练方法与儿童身心发展的匹配，我们还需要加强教练员的培训和教育。教练员应具备丰富的运动训练知识和实践经验,能够根据儿童的实际情况制订合适的训练计划。同时,他们还应具备良好的沟通能力和教育素养,能够与儿童建立良好的互动关系,引导他们积极参与训练并享受运动的乐趣。

最后,家长的支持和配合也是实现训练方法与儿童身心发展匹配的重要因素。家长应了解并支持儿童的运动训练计划,为他们提供必要的物质和精神支持。同时,他们还应关注儿童在训练过程中的身心变化,及时与教练员沟通反馈,共同为儿童的健康成长创造有利条件。

总之,训练方法与儿童身心发展的整体匹配是一个复杂而重要的课题。我们需要不断探索和实践,以科学、创新的方法促进儿童的全面发展,让他们在运动中收获快乐、健康成长。

三、整体观在提升儿童运动表现中的作用

整体观,作为一种综合性的思维方式,强调在看待问题时需全面、系统地考虑各个相关因素及其相互关系。在提升儿童运动表现的实践中,整体观的应用显得尤为重要。它有助于我们更深入地理解儿童的运动发展规律,制订更有效的训练计划,以及优化训练环境,进而全面提升儿童的运动表现。

(一)整体观有助于全面评估儿童的运动能力

儿童的运动能力是一个复杂而多元的概念,它包括身体素质、技能水平、心理素质等多个方面。在提升儿童运动表现的过程中,我们需要从整体观出发,全面评估儿童的运动能力。这意味着我们不仅要关注儿童的身体素质,如力量、速度、耐力等,还要关注他们的技能掌握情况,如动作的准确性、协调性等。同时,我们不能忽视儿童的心理素质,如自信心、抗挫折能力等,它们同样对运动表现起着至关重要的作用。

通过整体观的评估,我们可以更准确地了解儿童在运动能力方面的优势和不足,从而为他们制订更具针对性的训练计划。例如,对于身体素质较弱的儿童,我们可以加强基础体能训练;对于技能掌握不扎实的儿童,我们可以安排更多

的技能练习；对于心理素质不稳定的儿童，我们可以通过心理辅导和挫折教育来提高他们的心理韧性。

（二）整体观有助于制订科学有效的训练计划

制定训练计划是提升儿童运动表现的关键环节。在整体观的指导下，我们需要充分考虑儿童的生理特点、心理特征以及运动需求，制订出既符合儿童发展规律又能有效提升运动表现的训练计划。

首先，整体观要求我们在制订训练计划时注重个体差异。每个儿童的身体条件、运动能力和兴趣爱好都有所不同，因此我们需要根据他们的实际情况来制订个性化的训练计划。这样不仅能更好地满足儿童的运动需求，还能激发他们的运动兴趣和积极性。

其次，整体观强调训练计划的系统性和连贯性。我们需要根据儿童的运动能力发展规律，合理安排不同阶段的训练内容和强度，确保训练的连续性和渐进性。同时，我们还要关注不同训练内容之间的内在联系和相互影响，确保训练的全面性和整体性。

最后，整体观还提醒我们在制订训练计划时关注儿童的全面发展。除了运动能力的提升外，我们还应关注儿童的身体健康、心理健康以及社会适应能力的培养。通过多样化的训练内容和形式，促进儿童在身体、心理和社会等多个方面的全面发展。

（三）整体观有助于优化儿童运动训练的外部环境

除了内部因素外，外部环境也对儿童的运动表现产生着重要影响。整体观要求我们关注训练环境、家庭支持、社会氛围等多个方面，为儿童的运动发展创造一个良好的外部环境。

首先，我们需要优化训练环境。这包括提供宽敞明亮的训练场地、安全舒适的训练设施以及专业负责的教练团队等。一个良好的训练环境不仅有助于儿童的运动技能学习，还能激发他们的运动热情和创造力。

其次，家庭的支持和配合也是提升儿童运动表现的重要因素。家长应积极参与儿童的运动训练过程，了解并支持他们的运动计划和目标。同时，家长还应为儿童提供必要的物质和精神支持，鼓励他们勇于尝试和不断挑战自我。

最后，我们还应关注社会氛围对儿童运动表现的影响。通过媒体宣传、社区活动等方式，营造积极向上的运动氛围，让更多的人了解并关注儿童运动发展。同时，我们还应加强与社会各界的合作与交流，共同为提升儿童运动表现创造有利条件。

综上所述，整体观在提升儿童运动表现中发挥着至关重要的作用。它有助于我们全面评估儿童的运动能力、制订科学有效的训练计划以及优化运动训练的外部环境。在未来的实践中，我们应继续坚持整体观的思维方式，不断探索和创新儿童运动训练的方法和手段，为培养更多优秀的运动人才贡献力量。

参考文献

[1] 华明, 李正义. 提高人体运动能力的生理基础 [M]. 北京: 人民体育出版社, 1990: 9.

[2] 颉梦宁, 李风雷. 运动人体科学实验指导 [M]. 北京: 北京理工大学出版社, 2015: 12.

[3] 李古强, 李渤. 人体运动学 [M]. 武汉: 华中科技大学出版社, 2015: 1.

[4] 李古强, 马少锋. 人体运动学 [M]. 武汉: 华中科技大学出版社, 2020: 8.

[5] 李敏. 运动人体行为语义计算技术 [M]. 成都: 四川大学出版社, 2019: 7.

[6] 李世明. 人体运动环节重量参数测量新思路 [M]. 北京: 北京体育大学出版社, 2004: 7.

[7] 刘岚庆, 何正祥. 人体运动系统疾病的推拿治疗 [M]. 上海: 上海中医药大学出版社, 2010: 9.

[8] 刘宇, 傅维杰. 生物力学研究前沿系列 人体运动生物力学 [M]. 上海: 上海交通大学出版社, 2018: 7.

[9] 陆阿明, 张秋霞. 人体运动动作测量与分析实践指导 [M]. 苏州: 苏州大学出版社, 2017: 7.

[10] 钱竞光. 人体运动动作的动力学仿真和模拟 [M]. 南京: 江苏凤凰科学技术出版社, 2020: 9.

[11] 唐丽. 运动人体科学实验教程 [M]. 成都: 西南交通大学出版社, 2020: 9.

[12] 杨赳赳, 张劲松, 肖俊. 线上线下混合式运动人体科学实验指导 [M]. 成都: 西南交通大学出版社, 2021: 8.

[13] 周亮, 张利芳. 双创视域下运动人体科学课程群实验教学体系研究 [M]. 长沙: 湖南师范大学出版社, 2021: 12.